我走我的独木桥

郑渊洁 著

陕西新华出版
太白文艺出版社·西安

敬告读者

　　《我走我的独木桥》正版图书均贴有郑渊洁授权出版的防伪标识，搜索并关注"皮皮鲁总动员"官方微信公众号，点击"戳我试试——火眼金睛"，扫描防伪标识涂层下二维码，即可辨别真伪。欢迎举报。举报邮箱：press@pipilu.com。举报电话：010-57162974。

序言

郑亚旗

如果统计哪位爸爸在某个孩子成年前和孩子相处时间最多，郑渊洁和我相处的时间有可能名列前茅：我读完小学后，郑渊洁自编教材自己在家教我，我12岁到18岁这6年，郑渊洁几乎天天和我在一起，给我讲课。和父亲相处的时间这么多，让我用一句话形容他，就是走独木桥。

有四件事给我印象深刻。

第一件事。他一个人写一本名叫《童话大王》的月刊写了36年，总发行量超过2亿册。这是一项世界纪录。在他之前，全世界还没有哪位作家一个人写一本文学月刊的案例，而且一写就是36年。

第二件事。郑渊洁比较重视口腔卫生的维护，他的长篇小说《智齿》就是他带我去看牙医时获得灵感写出的。2018年他发现，在洗牙后一个月左右，他的牙经常出状况。他认为可能和承担洗牙工作的医护人员的技术水平或者敬业程度有关系。于是他自己购买了洗牙的设备，经过自学钻研和拜师学艺，现在郑渊洁自己在家给自己洗牙，他再没出现过洗牙几个月后牙齿闹情绪的情况。他在家里还表示可以为家人提供洗牙服务，还开玩笑说很少有人能享受名人给洗牙的服务。

第三件事。他在可以办理退休手续的前一个月从单位辞职，放弃退休金和医保。当时我爷爷奶奶问他为什么这样做，郑渊洁说没有了衣食无忧的退路，才能写出更多的好作品。他做到了。

第四件事。2023年5月，我爷爷郑洪升以92岁高龄成功闯关历时7小时的大手术，爷爷还接受了造口术。我和郑渊洁在手术室外等候爷爷手术时，郑渊洁告诉我，他决定从我爷爷出手术室起，什么都不干了，全天24小时专职贴身照管我爷爷，亲手为他更换造口袋。果真如此，3个月以来，我爷爷在郑渊洁无微不至的照料下，红光满面，神采奕奕。郑渊洁属于干一行爱一行的人，他发现造口用品有改进空间，便告诉我，他要申请造口用品实用新型专利。郑渊洁曾经在1994年申请成功早晚型儿童牙膏专利，专利号是93212096.2，而且他据此专利在1995年生产了皮皮鲁牙膏，销量很大。近日国际造口用品巨头公司联系郑渊洁希望合作，让更多造口人受益。郑渊洁现在自称"造口守望者"。有两个细节：一个是郑渊洁给我爷爷换造口袋时从来不戴口罩，而更换造口袋时气味比较负面。我问他为什么不戴口罩。他说戴口罩会让爷爷有心理压力。另一个细节是没有造口的郑渊洁自己也佩戴造口底盘和造口袋，他用感同身受的办法体验造口人的感受和心情，从而更好地为我爷爷的造口提供到位的照管。

我多次问郑渊洁为什么不和别人走一样的路。他每次都说他是偷懒害怕竞争激烈。他说没人走的路没有竞争者，想卷都找不到对手，可以优哉游哉一步一个脚印踏踏实实慢慢走。他还说没人走的小路由于一个人走，其实是康庄大道。阳关大道由于走的人太多，其实是随时可能发生踩踏的充满危险的羊肠小道。

这本书收录了郑渊洁的35篇演讲。通过这些演讲，读者可以了解郑渊洁走过的不一样的路。郑渊洁演讲达千场，他从不念稿子，全是脱稿演讲。他的演讲还有一个特点，他不说别人的事，只拿自己的经历举例。

郑渊洁的演讲很受欢迎。大中小学、金融机构、大型企业、政府部门、国际论坛、中国驻外使馆、外国驻华使馆等都请他去演讲。

2018年2月13日，郑渊洁应外交部邀请到外交部演讲。原定演讲在外交部容纳200人的蓝厅举行，因报名听郑渊洁演讲的外交官人数太多，临时将演讲地点改在了外交部能容纳千人的国际会议厅，依然座无虚席。郑渊洁讲了2个小时，外交官们从头笑到尾，其间无人离席。外交官都是见多识广、视野开阔，并拥有一流口才的精英。演讲结束后，外交官们拥上讲台，将郑渊洁团团围住，请他签名并合影。

选择与众不同的独木桥作为人生路，可能风景也与众不同。

目录

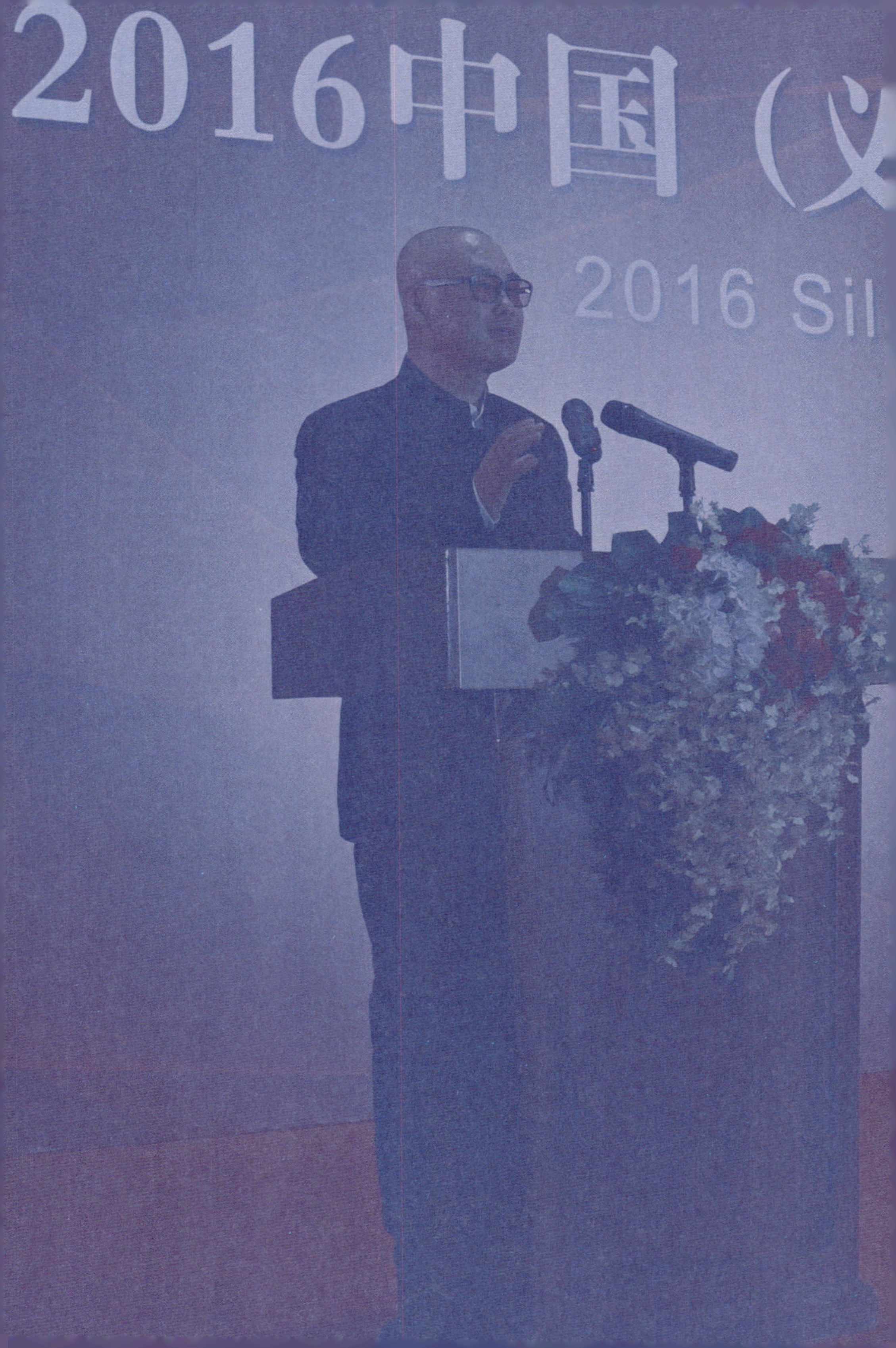
2016中国（义
2016 Sil

童话都不敢这么写

2016 年 11 月 13 日郑渊洁在"2016 中国（义乌）
丝绸之路经济带城市国际论坛"欢迎晚宴上的演讲

之前，在智利的一个酒庄，我认识了王先生（义乌丝路国际论坛主办者之一）。前不久，在厄瓜多尔，王先生把笔记本电脑落在飞机上了，他很着急，说有特别重要的关于这次义乌国际论坛的资料在电脑里，我说你备份到云里了吗？他说没有，我说你在天上离云那么近怎么忘了往云里放？后来我才知道，特别重要的资料就是今天咱们这次迎晚宴的菜谱。

　　我当时对他说，飞机是世界上安保措施最完善的地方之一，笔记本不会丢。后来果然找回来了，大家现在才得以享用这么美妙的晚宴。

　　王先生给我留下深刻印象的还有他敢在聂鲁达故居门口写诗。第一句是：圣地亚哥，我的二哥。

　　聂鲁达是世界上第一个将鸽子称为和平鸽的人。我和我弟弟喜欢信鸽，我们训练的信鸽在中国比较有知名度。今年 10 月 2 日北京举办了一次 300 公里信鸽竞翔大赛，有近 3000 羽信鸽参赛。我名下的 7 羽信鸽包揽了这次竞翔大赛的前 7 名。

　　估计现场养信鸽的朋友不多，所以我敢披露我们训练信鸽的秘诀。一般人训练信鸽都选择蓝天白云能见度好的天气，而我们将信鸽分为两个梯队，第一梯队专门在好天气训练，第二梯队在雾霾天训练。10 月 2 日北京及其周边是雾霾天，我们的第二梯队就参赛了，一举包揽前 7 名。不过，从今年起，我发现第二梯队参赛的机会越来越少了。

有一年，我们的郑氏兄弟鸽舍诞生了一羽腿有残疾的信鸽。大家知道，高速飞机在起飞后为了保证速度，要将起落架收回到机身里。各种鸟在飞行时也要将腿收回到腹下。而我们这只瘸鸽由于一条腿有残疾不能收回到腹下只能悬吊，因此它无法飞直线。作为信鸽，我们认为它已经没有价值，决定采用一种仁义的方式放弃它，送它参加一次1000公里的超长距离竞翔大赛。1000公里的竞翔大赛，别说拿名次，能归巢的鸽子都属于凤毛麟角。童话都不敢这么写的令人难以置信的事情发生了，这只瘸鸽获得了冠军！我现在也想不明白它是怎么飞回来的，但我知道，它是用生命证明给我们看：它行。2006年4月30日，我带这羽瘸鸽做客中央电视台《百科探秘》节目。一羽瘸鸽都能如此励志，我们有什么理由不努力？

郑渊洁带着瘸鸽做客中央电视台《百科探秘》节目

在 20 世纪 80 年代中国的转型期开始时，所有人都处于同一起跑线开始奋斗人生，我是只有小学四年级学历的工人，一羽标准的瘸鸽。我不光想飞，我还想长距离地飞，还梦想在自己喜欢的领域飞第一。我选择了写作。

　　1984 年的一天，我的儿子郑亚旗在我们家所在的工厂筒子楼里学走路，他的身边是工作状态的燃气灶和貌似随时可能爆炸的高压锅，我认为自己不是合格的父亲，我有责任让自己的孩子在安全舒适的环境中成长。当时的杂志稿费按千字两元支付，十分微薄，不足以改善家庭经济。我想在杂志发表作品后拿版税。版税相当于入股，只要写得好、作品受读者欢迎，作者就拿得多，出版者按事先约定的比例拿得同样多，一荣俱荣，符合经济规律。要想做到在杂志拿版税，只能这本杂志的全部作品都是我一个人写。而一位作家长时间写一本期刊，在全世界范围还没有先例。

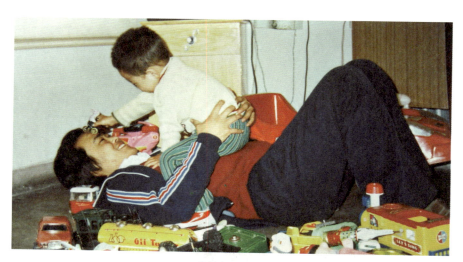

郑渊洁和郑亚旗

　　1985 年 5 月，只刊登我一个人作品的《童话大王》杂志创刊，我和出版者按事先约定的版税比例分割利益。到今天，我一个人已经将《童话大王》月刊写了 31 年，印数超过 2 亿册。2008 年，联合国世界知识产权组织授予我 "国际版权创意金奖"，奖励我原创了近 2000 万字的文学作品。

2013 年 12 月 3 日，英国首相卡梅伦访华时邀我单独见面，他问我怎么做到一个人将一本月刊写这么多年？我说是为了让父母高兴。

英国首相卡梅伦访华时会见郑渊洁

我的父亲是军队的一位低层军官，他在 50 岁时就失意没有了工作，那时我看他终日沮丧，一下子老了很多，我甚至怀疑他的生命还能坚持多久。但是《童话大王》创刊后，他一下子年轻了很多，整天精神焕发。我问他是要官复原职还是升迁？父亲说，都不是，他高兴是因为他认为儿子能一个人写一本期刊，对他来说，比当多大的官都提气。

那时我写作用钢笔，写到兴头上钢笔没墨水了是扫兴的事。有一个阶段我发现我的钢笔用了一个月还有墨水。有一天半夜我去洗手间，看见父亲深夜悄悄给我的钢笔灌水。这个场面，我一辈子也忘不了。当时父亲问我，你一个人能将《童话大王》月刊写多少年？我回答，只要您和我妈妈活着，我就一直把它写下去。我父亲说，只要你一直写下去，我和你妈妈就一直活着。现在，我爸爸妈妈 85 岁了，身体越活越年轻。卡梅伦首相说，为了让父母高兴这个写作动力非常强大。

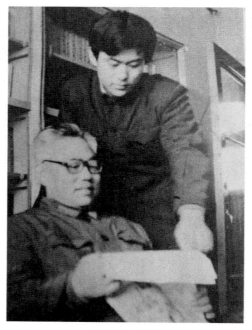

郑渊洁和郑洪升

有朋友可能会问，你一个人写一本月刊写了 31 年，你怎么总是有得写？

前些年比尔·盖茨的爸爸写了一本他是怎么教育盖茨的书《盖茨是这样培养的》，这本书出中文版时，请我写序言。于是我把这本书看了两遍，其中一句话给我留下印象。盖茨的爸爸说，作为父母，如果能把孩子的好奇心留到30岁，您就可以给成功人士当亲爹亲妈了。我比较幸运，好奇心一直没有抛弃我，可能和我上学少有关系。推理力薄弱的人，好奇心和想象力丰富。直到现在，不管我看到什么都好奇，都能因此产生灵感。

2005年中国承办第十四届世界生命起源大会，主办方将世界生命起源研究大师、美国科学家斯坦利·米勒请到北京。原本安排米勒和同领域大师进行巅峰对话，但是时代已经从隔行如隔山进化到隔行能登山，你越是对陌生的领域不了解，你越没有框框，如果你有好奇心和想象力，你越容易产生灵感。2005年6月22日，我在北京自然博物馆的恐龙大厅和米勒进行了跨界对话。我不懂生命起源，他不懂童话写作，那次对话妙趣横生，带给我很多灵感。

郑渊洁和米勒进行跨界对话（左一为郑渊洁）

米勒问我认为生命是如何起源的。我说我认为宇宙是雄性，行星是雌性。行星在宇宙中高速行进摩擦受孕，于是生命诞生。米勒问宇宙中这么多行星，怎么目前看到的只有地球受孕了？我说很多行星岁数不够，没到青春期，是童星。米勒又问为什么有的行星比地球岁数大还没受孕？我说它们得了不孕症。米勒深思。然后我问米勒，作家笔下诞生的文学人物和地球生命的诞生有没有共同之处？我们那次对话被中央电视台录制成节目播出。

我们的一些爸爸妈妈教育孩子时把重点放在让孩子获得什么上。其实，有时留住什么对孩子更重要，比如，留住孩子的好奇心。有了知识，再保有好奇心，孩子长大就能进行创造性劳动了。知识丰富，但没有好奇心和想象力，只能一辈子给你从事的领域的权威打工。

还有一件事情促使我一个人将《童话大王》月刊写了31年，我要用这件事对我的孩子进行身教。我认为最好的家庭教育就是身教。我对家庭教育有一个理解，作为父母，闭上你的嘴，抬起你的腿，走你的人生路，演示给孩子看。教育不是管理，教育是示范和引导。我要让孩子看我用一支笔将一穷二白的家变得富有。

我的朋友都知道，我和朋友相识没几天，就会要求见人家的孩子。我会说我给你的孩子唱堂会，一对一讲课吧。其实我是"居心叵测"，以此对朋友做出判断。

说到判断，人和人之间要判断，国家之间也一样。判断一个国家的实力，不能光看经济实力，还要看文化实力。判断一个国家能否给别的国家提供机会，首先要看这个国家能不能给自己的老百姓提供机会。我这个"瘸鸽式"的小学四年级学历的工人，实现了自己的中国梦。这是一个连童话都不敢这么写的时代。不管是国家还是个人，我们要抓住机会，创造奇迹，让全世界对我们刮目相看，让我们过上好日子。我们期待连童话都不敢这么写的奇迹多多降临。

我最近看到一个信息，说是现在地球上所有人，都是 15 万年前生活在非洲的一男一女的后代。起先我还半信半疑，刚才我和坦桑尼亚前总统本杰明·姆卡帕对话时，我发现我俩的头型还真挺像。于是我就信了地球上所有人都是同父同母的说法。我们互相帮助，一起过好日子，就是对我们 15 万年前共同的爸爸妈妈的最好孝敬。

| 后记

郑渊洁演讲结束后，包括来自30个国家的政界、商界、学界现场数百人排队到郑渊洁的座位前和他握手、合影。之前已经和郑渊洁对话的吉尔吉斯斯坦共和国前总理卓奥玛尔特·奥托尔巴耶夫听了郑渊洁演讲后，向主办方要求再次和郑渊洁对话。郑渊洁在登机返回北京之前再次和卓奥玛尔特·奥托尔巴耶夫对话1小时。2016年11月17日，郑渊洁义乌演讲《童话都不敢这么写》刊登在微信公众号、微博和博客后，在全国被疯狂传阅转发，阅读量近千万。

郑渊洁和坦桑尼亚前总统本杰明·姆卡帕

郑渊洁和吉尔吉斯斯坦前总理卓奥玛尔特·奥托尔巴耶夫第一次对话

郑渊洁和吉尔吉斯斯坦前总理卓奥玛尔特·奥托尔巴耶夫第二次对话（中图、下图）

学会说真正的世界性语言

2018 年 2 月 13 日郑渊洁在外交部的演讲

今天是 2018 年 2 月 13 日。这个月的 1 日，我应邀到咱们国家驻非洲埃塞俄比亚大使馆演讲。当时咱们国家驻埃塞俄比亚大使谈践问了我一个问题。

谈大使说，从前他在电视上见到我，看上去很胖，怎么现在挺瘦的？

我告诉谈大使，我原来是体重严重超标的胖子，我的体重曾经接近 200 斤。家人希望我长寿，我也认为，作为 50 后，不管人生取得多大的成就，活不过 100 岁就是失败者。

2017 年 10 月我应以色列政府邀请访问以色列。10 月 17 日，我在特拉维夫和中国驻以色列大使詹永新见面时，我对同为 50 后的詹大使说，咱们 50 后只要活不过 100 岁，就是失败者。詹大使说标准能不能降低点儿，我说不能。詹大使说，那咱们一起努力。

我的瘦身过程很简单。我先是少吃，每顿饭只吃半饱。一个月过去了，体重没有减少。然后我更换方法，增加运动量。一个月过去了，体重还是没有减少的征兆。

终于，对我而言有效的瘦身方法被我找到了。我将晚饭一分为二变成两份，一份并入早饭，另一份并入午饭。奇迹出现了，我一口没少吃、一步没多走，只是更换了吃东西的时间。我的体重从接近100公斤降到78公斤。

这件事告诉我，做一件事，要找到正确的方法。家庭教育也是这样。

可能每位家长都曾经在心里问过自己，我是合格的爸爸妈妈吗？判断自己是不是合格的父母，方法很简单，几秒钟就可以做出正确判断：不管您的孩子遇到任何事，如果孩子会在第一时间告诉父母，您就是合格的爸爸妈妈。否则就不是。

小时候，我和同龄人打了架，如果我输了，他们不会来我家向我父母投诉我，但是如果我打赢了，他们就会来我家告状。每逢这个时候，我的父母都说一句话：一个巴掌拍不响。

我爸爸妈妈当时在那个大院里是有名的护犊子。如果我爸爸妈妈当着外人打我训斥我，今后我遇到事情会在第一时间告诉他们吗？不会。因为我认为他们在我遇到事情时不会站在我这边。

我们的政府提醒公民，最近不要去巴厘岛不要去马尔代夫。可是真有中国公民去了遇到危险了，中国政府依然要对公民实施领事保护。在家里，孩子就是公民，家长就是政府。当孩子和外边的人发生冲突时，家长应该义无反顾责无旁贷站在自己的孩子一边。只有这样，孩子才会在遇到任何事时，第一时间告诉父母。

学校教给孩子知识，但是不太教孩子怎么和人交往，一个人会不会和人交往，很重要。

人和人交往主要靠语言。语言有两种，一种语言能让交往的对方立刻对你感兴趣并喜欢和你交往；另一种语言能让交往的对方感觉和你交往没有意思、无聊，味同嚼蜡，索然无味。换句话说，第一种语言属于说人话，第二种语言属于不说人话。

真正出色的人，都是能把听不懂的话往听得懂了说，把复杂的道理往简单了说。深入浅出，寓教于乐，娓娓道来。不管多复杂多艰深的道理和事情，他都能用叙述故事的方法娓娓道来。不是只有儿童爱听故事适合听故事，所有年龄层的人都喜欢听别人用叙述故事的方式讲世界上任何事情，包括政治、军事、法律、科学、经济等等。如果一个人能用讲故事的语言方式和他人交流，这个人就容易被大家接受，无论是这个人还是他的观点。

我为什么在生活中见到把听得懂的话往听不懂了说的人，我就会远离他？我知道任何人都会不知不觉被别人影响，这种影响有时你根本感觉不出来，是潜移默化的。我怕我和不说人话的人交往不知不觉受他影响，也变成说话故弄玄虚、把听得懂的话往听不懂了说，如此，我的与他人交往的能力会直线下降，没人喜欢和我交往，因为人家听你说话没意思，听不懂，而人和人交往主要靠语言。和同胞说母语说得让同胞听不懂，也算一种本事了，遗憾的是这种本事会让愿意和你接触的人越来越少。

作为家长，应该意识到让自己的孩子拥有和他人交往时使用讲故事的语言方式，不管说什么，包括在课堂上回答老师的问题，都使用讲故事的方式娓娓道来，这就相当于您的孩子拥有了人生制胜的一个法宝，一种魔法。世界上大多数人依靠语言和他人交往交流，语言水平高，交往时就事半功倍，让别人接受你。什么是语言水平高？使用讲故事的方法娓娓道来讲任何事情和任何道理。

我们中国的孩子学外语一般首选英语。我认为，真正的世界性语言不是某种外语，真正的世界性语言是会使用讲故事的方法说话，不管您使用哪种语言。

我还认为，人和动物的区别是人会讲故事，动物不会。刚才我说了2017年10月我去了以色列。以色列有一位学者，他叫尤瓦尔·赫拉利。他对故事的评价也非常高。他甚至认为人类之所以能统治地球，是由于人类有编故事的能力，人类最初是靠宗教团结起来，和洪水猛兽斗争。而宗教都是通过故事体现的。正因为人类有编故事的能力，才能形成团队，有了群体的力量。靠散兵游勇，人类不可能统治地球。

我在以色列，看到犹太人有三个特点：一是爱阅读，二是团队精神，三是租房不买房。

爸爸妈妈在教育孩子时，要用身教告诉孩子，走人生路不能靠腿，要靠脑子。身为人类的一员，要分析人类的发展过程，分析人类和其他物种的不同，找出优势，照葫芦画瓢，就会在和别人的竞争中胜出。

比如，人类现在是地球的老大，同是动物，那么多动物，为什么只有人类胜出？除了人类会制造和使用工具，会创作故事也是人类和动物的一个重要区别。人类有今天，和最初的人类创造了那么多宗教故事使得人类由散兵游勇组成团队才能战胜洪水猛兽有决定性关系。

既然会创作故事是人类独有的优势，作为人类的一员，如果放弃使用讲故事这种真正的世界性语言，而舍本求末花很大精力去学母语之外的语言，纵然能讲好几种语言，但使用时都是把听得懂的话往听不懂了说，让听您说话的人感到味同嚼蜡索然无味，这样的语言，会再多也可能对您的事业无济于事，唯一的作用是让不喜欢听您说话的人遍布全球各个国家。

我小时候不爱说话，因为我发现别人不喜欢听我说话。自从写童话后，我发现了一件有意思的事，我发现别人越来越喜欢听我说话。

当我写了近千万字的童话故事后，喜欢听我说话的人越来越多。以至于有人听说某次应酬饭局有我参加，就一定想方设法去，就为了听我说话。我就分析这是怎么回事。我找到的答案是，我通过写作童话故事，不知不觉养成了不管我表达什么事什么观点，都是通过讲故事的方式娓娓道来的习惯。

我发现我的朋友越来越多，朋友多了，机会就多。当我发现我的朋友和机会越来越多缘于我说话是通过讲故事的方式时，我的儿子出生后，我决定让他也拥有使用讲故事的方式说话的本领，换句话说，我要教会我的孩子说人话。刚才说了，人和动物的区别可能是人会创作故事动物不会，从这个角度说，能使用讲故事的语言方式和他人交流的人，就是学会了人话，因为人和动物的区别是人会讲故事。

我使用什么方法让我的孩子会说人话呢？借鉴我自己的经历，我"强迫"孩子看我的所有童话故事，这个强迫是打引号的，因为我的童话只要我的孩子看一篇，就会进入不全看完誓不罢休的境界。

我当年将儿子亚旗领回家自己教时，最初的课程就是让他看完我的所有童话作品。我用这样的方法熏陶他，让他成为会使用讲故事的语言方式与他人交流的人。这个课程的效果非常好。亚旗现在的演讲很受欢迎。受欢迎的演讲都是通过讲故事的方式完成的。

郑亚旗和女儿郑在

　　我对女儿采用了同样的方式，我的女儿在小学四年级之前读完了我的所有童话作品。女儿说话也是通过故事叙述，她在高中阶段是学校学生会负责人。女儿除了语言，还有用文字编写故事的能力，她撰写的电影剧本获得了 2015 年国际青少年微电影大赛最佳编剧奖，这个奖项是由美国纽约电影学院和青少年国际竞赛与交流中心举办的。

　　作为爸爸妈妈，请通过身教影响孩子，让孩子养成能使用讲故事的语言方式和他人交流的习惯，这是真正的能让孩子走遍天下的世界性语言。

　　我还有一个窍门，让孩子成为一个善于自嘲的人也能让孩子在和他人交往时朋友越来越多。自夸的人不招人喜欢，有强大自信的人才会自嘲。作为父母，和孩子在一起时，使用的语言应该尽量通过讲故事的方式完成，应该幽默，应该自嘲。这样，孩子就会模仿。

现在我外出，喜欢使用手机导航，不管是开车还是乘坐公共交通工具或者骑自行车或者步行，都使用手机导航。问路对于我已经成为历史。手机正确导航的基础是什么？首先要有自己的准确定位，没有自己的正确定位，导航系统无法协助你顺利抵达目的地。

郑渊洁在演讲现场

定位是走正确道路的基础。作为家长，在教育孩子时，首先要给自己定位。定位错误，教育效果就会出现偏差，甚至和家长期望的效果南辕北辙。

家长和孩子相处，家长的定位无非有三种：第一，家长将自己定位为孩子的父母、长辈、管理者、师长；第二，家长将自己定位为孩子的朋友；第三，家长将自己定位为孩子的学生。

有家长可能会说，前两种定位还算正常。第三种定位，也就是家长将自己定位为孩子的学生，孩子反客为主成为父母的老师，用你郑渊洁的话说，岂不是连童话都不敢这么写？

我的儿子出生后，我如获至宝，我清楚，这个小生命会让我找回想象力和好奇心，因为他年龄越小时，他和我说的话越能激发我的灵感。郑亚旗刚学会说话时，我每次和他用语言交流都会使用录音机录音，之后反复听录音，还做笔记。1 岁多的儿子说的话真的比大学教授讲的课还令人浮想联翩，无数次让我欣喜。那时郑亚旗总是问我，你为什么和我说话时老是录音？我告诉他，听重要的人讲课，会记录，担心漏掉重要的内容。

家长向孩子学习，对于滋养孩子的尊严效果非常好。有尊严的孩子做事自信，遵守游戏规则，价值观正确，远离坑蒙拐骗。

有一次，我家的小收音机不知怎么掉到了沙发底下，当时我坐在沙发上拿勺子刮苹果泥喂郑亚旗吃，沙发下边传出收音机里的音乐声。我说哪来的声音？儿子说，咱们家的沙发里会不会有个乐队？几天后，我的作品《红沙发音乐城》诞生。

自从有了孩子，我就将自己定位为孩子的学生，向孩子学习。我在皮皮鲁讲堂讲课时，规定所有孩子管我叫郑同学，我管孩子们叫张老师、李老师……

在家里，我要求孩子对我直呼其名。摆正关系，找好定位，事关孩子是否优秀。

我们有时会想，假如能重新活一遍，我一定接受教训，我会怎么怎么活。其实，当您有了孩子，其实质就是您重新活了一遍。我们有时还会希望有拥有魔法的超人保护我们。其实，当您有了孩子，其实质就是您一分为二，您的另一半重新活了一遍，您就是那个有魔法的超人，呵护自己的另一半重走一遍人生路。多刺激多激动人心的事，想想就会让人潸然泪下，我们有什么理由不让使自己重活一遍的那个孩子幸福健康成长，在人生的路上与人为善出类拔萃大展宏图？

我从 1978 年开始写童话，写到 1983 年时，已经有弹尽粮绝的感觉，我毕竟是成年人，童心和我渐行渐远。这时，儿子出生了，我通过向孩子学习，获得源源不断的童心，返老还童，创作出大量作品。儿子成年后，刚出生的女儿又继续给我提供让我学习的机会。女儿一次去医院，她问我，是不是所有病菌都住在医院？于是，我的作品《病菌集中营》问世。

有的爸爸妈妈可能会说，你郑渊洁是写童话的，向孩子学习有用。其实，从事所有职业都需要童心，都需要想象力。有了想象力，不管从事什么职业，比如，当外交官，您都能进行创新，由此脱颖而出，加薪升职，反过来让您的老师也就是孩子受益。

生了孩子后，不向孩子学习，只想着怎么教孩子怎么管孩子的家长，属于深入宝山，空手而归。

▎后记

　　演讲结束后，时任外交部副部长王超登台，他说代表外交部部长王毅向郑渊洁表示感谢。王超副部长还说，他从 21 岁开始看郑渊洁作品。之后，外交官们拥上讲台将郑渊洁团团围住要求签名、合影。

如何让孩子成为学霸

2017 年 10 月 25 日郑渊洁在大使茶叙会上的演讲

和这么多大使同堂聚会，我有天上掉馅饼的感觉。平时见一位大使是很难的事。

应以色列政府邀请，前些天我到以色列看看。8 天前，就是本月 17 日，以色列外交部安排我在一家餐厅和以色列最著名的厨师阿哈罗尼见面并品尝他亲手烹制的菜肴。事先以色列外交部亚太司的女外交官努瑞特告诉我，中国驻以色列大使馆的外交官可能会来和我共进午餐。当中国驻以色列大使詹永新出现在现场时，努瑞特非常惊讶中国驻以色列大使能来。努瑞特告诉我，她在亚太司工作了两年，这是第一次见到中国驻以色列大使。由此可见，见大使并不是一件容易的事情。

现在我能和这么多大使在一起，和这么多大国顶级外交官在一起，我感受到强大的气场。什么气场？儒雅的气场，视野的气场，格局的气场，睿智的气场。

刚才中国驻欧盟杨大使问我，我对自己的两个孩子的教育方法不同，她想听听我对女儿的教育。

我的儿子今年 34 岁。他的受教育经历大家都知道了，基本上是我自己在家教的，我为他编写了 10 部故事体家庭教材。

我之所以将儿子领回家自己教，其中一个原因是他的小学班主任在每次期末考试前向全班学生漏题，这位班主任参与期末考试题的出题。班主任要求全班学生背正确答案。她这么做，是为了在和其他老师竞争班级考试分数时胜出。儿子问我老师这么做对不对。我说不对。儿子说那咱们怎么办？我说故意答错题，拉她的分。但前提是别低于60分，低于60分要补考，划不来。学生考高分不容易，其实，故意考低分又不能低于60分也不容易。我听说有的家长用物质手段刺激孩子考高分，我就借鉴了这个方法。

　　我对儿子说，如果你期末考试考到60分，我就给你买你觊觎已久的数万元的烧油的遥控直升机。考61分，奖品的等级下降。62分之后奖品等级逐级递减。我认为，这才是惊天地泣鬼神的父爱。孩子的道德品质是非观念比考试分数重要。面对这样的老师，我除了将孩子领回家自己教，还能做什么？

　　女儿今年18岁。她接受的是学校教育，是学霸。女儿今年被美国6所顶级名牌大学本科同时录取。她在高中毕业时的IB（国际文凭考试）考试成绩全校第一。女儿在高中就读时由于成绩优秀，多次获得奖学金。奖学金总额高达40万元。

　　我从女儿上小学第一天开始写专题教育日记，记录她接受学校教育的全过程。这个日记我从女儿上学第一天一直写到她高中毕业。我对如何将孩子培养成学霸有很多感受和心得。

　　我觉得，作为家长，如果不放心学校教育，可以将孩子放在家里自己教。如果将孩子送到学校，就要让孩子成为学霸。教育孩子，老师的作用不如家长大。

　　如何将孩子培养成学霸？我做了4件事：

第一件事是如果想让孩子成为学霸，先要让孩子成为学爸。什么是学爸？就是父母要成为孩子的榜样。孩子的模仿能力世界一流，孩子天生讨厌说教。父母教育孩子，千万不要使用语言，使用语言教育孩子适得其反，父母要用身教教育孩子。你希望孩子怎么样，你就做给孩子看。效果特别好。

我培养女儿成为学霸的第一个方法是，尽可能当着女儿面看书和写作，当着女儿面谈论自己的各种写作计划和人生规划，并且让她看到这些努力得以实现。

要想让孩子成为学霸，养成做事认真、不达目标不罢休的习惯比较重要。2006 年前后，我想拍摄一幅表现中国勇往直前不走回头路也不能走回头路的照片，但是一直找不到恰当的构思。一天我驾车自西向东经过天安门时，偶然看见天安门西侧有一个禁止掉头的交通标志。我有了灵感。禁止掉头就是不让走回头路。天安门是中国的象征。将禁止掉头的标志和天安门拍摄进同一幅画面，中国不走回头路的含义就产生了。

我决定拍摄这幅照片。由于那个交通标志竖在机动车道旁，只能驾驶汽车拍摄，而且汽车必须停在红灯时第二辆待灯的位置。我知道拍摄这幅照片有难度，我就有意识带上了女儿，我认为这是身教女儿做事认真不达目标不罢休的"学爸"机会。

那天上午，我驾驶一辆加满油的汽车，带上女儿，带上干粮和水，开始执行拍摄任务。第一次失败了，我的汽车经过天安门时，很不走运没有遇到红灯。我在正义路右转，经过前门大街到六部口重新驶上长安街。第二次经过天安门时，我遇到了红灯，但是停在第六辆车的位置。没法拍，够不着。

郑渊洁摄影作品《不走回头路》

　　我就这么一次一次地兜圈子，当一箱汽油快耗尽时，已是傍晚，华灯初上。我的汽车终于在天安门前遇到红灯而且排在了第二。我热泪盈眶，按下了傻瓜相机的快门。

　　于是，我的摄影作品《不走回头路》就诞生了。更重要的是，女儿接受了做事认真的"学爸"身教。

　　孩子一旦学爸，离成为学霸就不远了。

　　第二件事，要让孩子真心喜欢上学。孩子真心喜欢上学的标志是，放寒暑假时，孩子会不停地说，怎么还不开学？喜欢的事干起来不累，而且其乐无穷。

　　这件事我做到了属于歪打正着。由于我给儿子编写了 10 部家庭教材，所以女儿出生后，我就经常对她说，你可以不上学。大家都知道，孩子身上有个特点，逆反心理。由于我总是对女儿说可以不上学，结果逆反心理导致女儿成为全中国最向往上学的孩子。她小时候玩的游戏大都是模拟上学，什么写作业啦，讲课啦。

我的儿子和女儿都没有正经上过幼儿园，儿子去体验过2个月。一天，5岁的女儿说，她非常喜欢妖怪，觉得妖怪非常可爱。她问我世界上有没有妖怪，我说有啊。女儿说你带我去看妖怪吧。我就带女儿到一所幼儿园围墙外边，我指着幼儿园老师说，那就是"妖怪"。结果女儿说，她要和妖怪玩。我只能给女儿报了幼儿园，每天去2个小时，一共去了2个月。

孩子都喜欢妖怪，我说老师是妖怪，导致我的女儿一直对所有老师有好感。我们知道，孩子是否能成为学霸，还有一个因素是各科老师都要喜欢您的孩子。老师喜欢孩子了，孩子才能喜欢这位老师教授的课程。世界上的事都是相辅相成的，要想让老师喜欢您的孩子，首先得让您的孩子喜欢老师。孩子真心喜欢一位老师，那么这位老师不可能不喜欢这个孩子。欣赏最体现作用力等于反作用力。

由于我的女儿人生第一次听到"老师"这个词是和妖怪联系在一起，由于孩子对妖怪特别感兴趣，由于童年的所有第一次都印象深刻，我想，我的女儿一直真心喜欢所有老师，缘于此。

我的女儿从小喜欢涉及妖怪和骷髅的玩具。我发现很多孩子对妖怪有兴趣。我曾经问过女儿喜欢妖怪什么？她说喜欢妖怪的不可理喻。妖怪的特点就是不可理喻，妖怪如果通情达理就不是妖怪而是人了。

有两种人，通情达理的和不可理喻的。和不可理喻的人打交道，如果视其为妖怪，就不会感觉痛苦，而会感觉可爱，因为越不可理喻越是好妖怪。

有很多通情达理的好老师，也有个别不可理喻的老师。如果想让孩子成为学霸，需要所有老师包括不可理喻的老师欣赏和喜欢您的孩子，这样才能确保您的孩子所有课程都成绩优异。我的女儿能做到这点，我认为和她第一次问我有没有妖怪时，我带她去幼儿园围墙外有关系。

郑渊洁演讲现场

如果家长对孩子说老师都是对的，你一定要听老师的话，我想，孩子不会真心喜欢老师。老师不是傻子，如果您的孩子不是真心喜欢老师，老师绝对心里有数，由此老师也不会真心喜欢您的孩子。如此，您给老师送多少礼物，老师也不会真心喜欢欣赏您的孩子。老师不真心喜欢您的孩子，您的孩子就不会真心喜欢这位老师教授的课程。孩子不真心喜欢这门课，成绩就真心上不去。

顺便说一句，如果想让孩子成为学霸，作为家长，千万不要给老师送礼。凡是给老师送礼的，孩子都不可能成为真正的学霸。道理很简单，当老师意识到对您的孩子好是有经济价值的，老师对您的孩子好就不是真心的。孩子洞察一切，孩子对于虚情假意明察秋毫。学习如果融入虚情假意，成绩真的上不去。

我这次访问以色列，10月17日以色列外交部安排我和一位叫所罗门·佩雷尔的先生见面。他是电影《欧罗巴，欧罗巴》的原型。佩雷尔是犹太人，他在"二战"时被德军抓获，他隐瞒了自己的犹太人身份，冒充日耳曼德国人，蒙蔽了德军，竟然成为德军的一员。我问佩雷尔，您用虚假身份成为德军，您在进攻苏联时会冒死作战吗？他说当然不会。这和孩子成为学霸一个道理。只有您的孩子真心喜欢和欣赏老师，老师才会真心喜欢和欣赏您的孩子，进而您的孩子才会真心喜欢这位老师教授的课程，孩子才会"冒死作战"取得优异成绩。

我在女儿从小学到高中的12年间，对她说得最多的一句话是"你随时可以不上学"。但是我的女儿随时想上学，包括寒暑假。想让孩子成为学霸，利用孩子的逆反心理很有用。

第三件事，后发制人。

郑渊洁

我的女儿由于没怎么上过幼儿园，我在她上小学之前没教过她任何上学才应该学的知识。记得小学入学报名时，招生老师问她 3 加 3 等于几，她摇头。老师诧异。我用更诧异的表情问老师，你们学校不教 3 加 3 等于几？女儿在小学二年级之前，学习成绩在全班处于下游。女儿在初二之前，学习成绩在班上处于中游。她初二开始发力，到高三毕业时，成绩全校第一。我认为，小学成绩第一没用，高三毕业成绩第一才是关键。

近年在教育领域对家长误导最严重的一句话是"别让孩子输在起跑线上"。一些家长由于担心自己的孩子输在起跑线上，通过各种培训班给孩子超前灌输与其年龄不同步的知识，揠苗助长。

倘若将人生形容为一场竞赛，"起跑线"的比喻是恰当的。但是，"输在起跑线上"只适合短程竞赛，例如，百米赛。如果是马拉松那样的长跑，就不存在输在起跑线上的担忧。相反，马拉松比赛赢在起跑线上的运动员，往往由于没有保存体力，致使起个大早，赶了晚集。

由此可见，父母是否应该担心孩子输在起跑线上，要看家长对孩子的预期。如果孩子的人生属于短跑型，您一定不能让孩子输在起跑线上，都知道百米赛的关键往往是起跑，起跑领先了，就成功了一大半。但是假如家长对孩子的预期属于长跑型，就相当于孩子的人生是参加一场马拉松长跑竞赛，起跑线是否领先就不重要了。马拉松竞赛的特点是谁笑在最后谁笑得最好。

长跑的要诀是保存实力，这和孩子学习知识的道理一样。当孩子没有一定的阅历时，给其灌输与孩子的年龄不相符的知识，孩子没有生活经验，对知识的感悟不会深刻，不但没有共鸣感，甚至会厌恶。衡量教育是否成功，不是看分数，而是看受教育者对所学知识的兴趣越来越大还是越来越小。如果受教育者对所学知识的兴趣越来越大，说明教育成功了，反之则相反。受教育者对于所学知识感兴趣的程度，除了老师的教授方法，还取决于孩子对知识的感悟程度。举个例子，一个 5 岁的孩子对于《静夜思》只是机械背诵，而一位远离家乡的 20 岁青年如果第一次看到《静夜思》，可能泪如泉涌，百感交集。

买过新汽车的人都知道，新车有磨合期。在新车的磨合期，车速不能太快。只有这样，这辆汽车未来才能风驰电掣。如果在新车的磨合期高速行驶，汽车就会早衰，该急速行进时，就会力不从心。假设将人比喻成汽车，人的磨合期就是童年。在童年，不能满负荷运转，要适度磨合。如此，孩子到了成年，才能快马加鞭，后劲十足。

爱因斯坦说："想象力比知识重要。"

有想象力的人才能进行创造性劳动。想象力和知识是天敌。人在获得知识的过程中，想象力会消失。因为知识符合逻辑，而想象力无章可循。换句话说，知识的本质是科学，想象力的特征是荒诞。人的大脑一山不容二虎：在学龄前，想象力独占鳌头，脑子被想象力占据；上学后，大多数人的想象力将被知识驱逐出境，成为知识渊博但丧失想象力终生只能重复前人发现的知识的人。很少有人能让知识和想象力在自己的大脑里共存，一旦共存，此人就是能进行创造性劳动的成功人士了。在孩子童年时，让其晚接触知识，有利于想象力在孩子的大脑里安营扎寨，倘若孩子成为想象力和知识并存的人，您就能给大师当爹当娘了。

请让孩子输在起跑线上。输在起跑线上，可能赢得人生。赢在起跑线上，可能输掉人生。"将欲取之，必先予之"是大智慧。

第四件事，刚才说了，想象力非常重要。没有想象力和好奇心的孩子，知识再渊博，成绩再好，也不能进行创新。所以，作为家长，千万不能将孩子培养成没有想象力和好奇心的学霸。要让孩子在成为学霸的同时，保有想象力和好奇心。我在女儿从小学一年级读到高三的 12 年中，鼓励她提问，鼓励她质疑，鼓励她胡思乱想。我觉得，作为家长，鼓励孩子提问很重要。要让孩子养成爱提问爱质疑的习惯。

我在以色列和当地人士交谈，得知犹太人的学校特别鼓励学生提问。老师对学生说得最多的话是，你们有问题吗？爱因斯坦、弗洛伊德、马克思都是犹太人。25% 的诺贝尔科学类奖被犹太人获取。

让孩子养成爱提问爱质疑的习惯，是保留孩子想象力和好奇心最有效的方法。

孩子学习成绩优异，知识渊博，又保有想象力和好奇心，等着您的是什么，就不用我说了。

今天在座的大使大都是 50 后。我本月 17 日在特拉维夫对詹永新大使说，我认为，作为 50 后，不管人生多辉煌，活不过 100 岁，也是人生的失败者。詹大使说标准能不能降低点儿。我说不能。詹大使说，咱们一起努力。

想象力不光和创新有关，还事关身体健康和长寿。面对食物，没有想象力的人认为吃东西只花一次钱，就是买食物的钱。有想象力的人懂得吃东西可能花两次钱：第一次是买食物的钱；第二次是由于吃得不对导致生病，去医院再花一次钱。

刘润甫

健康要自己说了算

2017 年 1 月 3 日郑渊洁在"第二届中医药国际化论坛"上的演讲

100 多年前，北京有一位名叫刘润甫的医生，刘润甫的祖上是浙江绍兴名医，清朝时举家迁京给皇宫里的妃子看病。刘润甫擅长内科和妇科。他和施今墨等名医一起创办了华北国医学院并任教，培养了不少中医人才。大家可以用百度搜索刘润甫这个名字。

左图为郑锦云书法作品，右图为郑锦云

　　1933 年，刘润甫生了个女儿，取名刘效坤。1954 年，刘效坤和山西中医、书法家郑锦云的儿子郑洪升结婚。

郑渊洁的父亲和母亲

1955 年，他们生下一个儿子，取名郑渊洁。就是我。我妈妈是美女，大家从我脸上就可以看出来。

家庭对孩子的影响无处不在，不光是遗传相貌，家庭环境还能影响孩子的一生，包括健康。小时候，一次我问外祖父刘润甫，什么时候我能长大？外祖父说，人会照顾自己了，就是长大了。有的人 6 岁时已经会照顾自己，他就是长大了。有的人 60 岁时还不会照顾自己，他依然没长大。我问外祖父什么叫会照顾自己？他说就是不生病，能防止自己生病的人，就是长大了。我小时就是在注意养生的家庭环境中长大的，我从 3 岁起就养成了每天固定时间大便一次、爱喝白开水和吃早饭的习惯。

外祖父告诉我，最好的医生是能防病的医生，这叫上医治未病。中等的医生能早期发现病并治愈。再次之的医生治疗病入膏肓的患者。他还多次给我讲一个故事，说是魏文王问名医扁鹊，你家弟兄中谁的医术最高？扁鹊说我大哥最棒，我二哥第二，我第三。魏文王说不对吧，你说你的医术在家里最差，可为什么你的名气最大呢？扁鹊说，我大哥告诉人们如何防病，他使得周边的人不得病，所以他没机会治病。我二哥在别人刚得病时就发现了，大家认为他只能治疗小病。我呢，别人病得不行了才来找我。

外祖父在华北国医学院任教时，授课最受欢迎，他讲课就是说故事。我的外祖父常挂在嘴边的一句话是，用一句话概括中医，就是防病。我由此从小就有防病意识和行动。

郑渊洁在演讲现场

我 23 岁时开始写童话，那是 1978 年。写到我 29 岁 1984 年时，皮皮鲁、鲁西西和舒克、贝塔都诞生了，全国有 16 家报刊同时连载我的不同的作品。这么多作品同时连载，我却发现我的稿费收入不足以明显改善家庭生活。我想过好日子。我发现我写了这么多作品之所以稿费收入不高，是由于我吃了大锅饭。我的作品和别人的作品混登在报刊上，我只能和别人拿一样标准的稿费。我既怕别人沾我的光，更怕我沾别人的光，毕竟我连小学都没毕业。于是我异想天开，如果有一本只刊登我一个人作品的期刊就好了，这样，如果我写好作品受孩子们喜欢了，发行量会直线上升，收入也会水涨船高。倘若写的作品孩子们不爱看，我也不会拖别的作家的后腿，占别人便宜，因为我的作品从此和别人的作品隔绝了，不会混登在同一本期刊上了。1985 年，只刊登我一个人作品的期刊《童话大王》杂志创刊，我决定一个人将它写至少 30 年。现在，我已经一个人将《童话大王》月刊写了 32 年，出刊 436 期，总印数超过 2 亿册。

一个人写一本月刊 32 年，需要每天写作数千字，一天都不能间断，一天都不能生病。我已经做到了。这得感谢我出生在中医世家，我从小耳濡目染知道如何防病。

熟悉我的朋友都知道我不管到哪儿手里都拿着一个水瓶，我总是经常小口小口喝白开水。这是我外祖父教给我的一个预防感冒和其他疾病的方法。外祖父说，经常小口小口喝白开水能预防感冒和其他疾病。他还说，喝了水及时小便不憋着，喝的就是灵丹妙药；喝了水憋尿，喝的就是毒药。所以我对我所有去过的地方的名胜古迹不如对卫生间了如指掌印象深刻，我看一个国家的文明程度，是看它的卫生间是否方便是否收费。一次我去意大利一个卫生间竟然收费 1 欧元，我觉得太贵了，我就分 3 次尿。

一次我看到一个采访，记者问比尔·盖茨，你家最高科技的东西是什么？比尔·盖茨说是纸尿裤。我上网一查，纸尿裤早年果然是为宇航员在太空研制的高科技产品。于是我外出就用纸尿裤取代卫生间，效果很好。一个夏天我在机场过安检时，洞察一切的安检员发现我的七分裤比较丰满，可能怀疑我藏毒，就说您下边有东西吧？我说我下边没东西就成太监了。安检员将我带到小房间，让我将纸尿裤脱下来，他叫来一只缉毒犬嗅我的纸尿裤，那缉毒犬嗅完，竟然抬腿往纸尿裤上小便。

通过检查后，安检员说，您可以穿上裤子走了。由于我按照外祖父的教诲，每天保持饮水量，写作《童话大王》月刊的 32 年间，我几乎没有感冒过。健康的身体是一个人写一本月刊 32 年的基本保障。

在写作《童话大王》杂志的初期，我很快发现，我每天的写作会被众多事情干扰。而按照合同的约定，我每个月不能按期交稿将面临高额违约金。我想起外祖父曾经告诉我早睡早起对身体好，他还说每天二十四小时对应二十四节气，清晨五点左右相当于惊蛰，是肝脏向全身包括大脑输送新鲜血液的时候，换成今天的话，清晨是人体向全身快递新鲜血液的时候。于是我在 1986 年改成晚上 8 点半睡觉，清晨 4 点半起床写作到 6 点半，这个时间从来没人找我参加活动，比如咱们的医学论坛就不会在清晨 4 点半举行。我清晨 4 点半起床写作写了 31 年，从无间断，保证了 436 期《童话大王》杂志期期按时交稿。清晨写作，万籁俱寂，头脑清晰，众人皆睡我独醒。感谢外祖父。

我过 60 岁生日时，体重是 96 公斤，我身高 178 厘米，体重超标。60

岁生日那天，儿子郑亚旗想和我签个合同，我说什么合同这么重要还放在60岁生日这天签？郑亚旗说皮皮鲁公司的投资人是做长线的，希望我多活，这样著作权进入公有领域就能成为遥遥无期的事。当然这是开玩笑，家人是希望我长寿。

我说指标是多少？儿子说再活50年。于是签约。我这个人重契约重承诺。我就想，阻止我履约的障碍是什么呢？是体重。我决定瘦身。我小时候，常听外祖父说，早饭要吃好，午饭要吃饱，晚饭要吃少。他还说过午慎食。

说到晚饭少吃，我认为，医院挣钱，65%靠人们的晚饭，30%靠椅子，另外5%靠天灾人祸。晚饭吃得太多太好太晚容易生病，久坐也容易生病。

前些天我去医院看朋友。我发现医院的院子里停得最多的不是救护车，而是运钞车。如果不想让医院挣您的钱，就要对晚饭采取节流措施，还要对椅子唯恐避之不及敬而远之。在公共交通工具上抢座位的人，抢的真不是幸运，抢的是不幸。

我以前是早中晚三顿饭各吃六成饱。60岁生日后，我按照外祖父当年的说法，将早饭和午饭调整为九成饱，晚饭改为一成饱。虽然整体还增加了饭量，但是一年时间里，我的体重从96公斤下降到78公斤。别的事说话算不算数不重要，体重和健康，一定要自己说了算。

中医养生和防病在我们家比较流行，我父母现在86岁，四世同堂。我父亲每天阅读和写微博，近年他每年都有著作出版。我的父亲和母亲都从各自的父亲那里学到了中医养生方法。他们正在静待五世同堂。

我年轻时曾被多位女友抛弃过。其中一位女友是因为我腿短抛弃我的，她说择偶要考虑后代的遗传基因。我曾为此自卑。后来我看菲尔普斯在奥运会夺冠后声称自己夺冠的秘密武器是中医的拔火罐，我看着电视屏幕上的他，我忽然发现他腿短。我上网一查才知道，游泳运动员都腿短，这样他们的腿才能像鱼的尾鳍那样在水中为他们劈波斩浪巧妙助力。受此启发，我找到一位游泳教练，问他我是不是还可以通过游泳体现人生价值为国争光？那教练量完我的腿后沮丧地说，抱歉，郑老师，作为游泳运动员，您的腿太长了。这件事告诉我，不要妄自菲薄，尺有所短，寸有所长。这句话用来形容中西医最合适：尺有所短，寸有所长。

瘦身前的郑渊洁　　　　　　　　　　瘦身后的郑渊洁

我们每个人都可以成为名医。只要你注重养生，学会照顾自己，能预防疾病，你就可以成为扁鹊的哥哥那样的名医。健康是我们成就人生大业和家庭幸福的保障。

我的家人戏称我是扁鹊的哥哥。每当我看到有的人一天也不喝几口水，而我不停地小口喝水时，每当我看见有人在入睡前大快朵颐时，我在心里就会给自己点赞：厉害了，我的哥。

道歉与感谢

2017 年 9 月 18 日郑渊洁在"北京—莫斯科丝路经贸
人文国际高峰论坛"上的演讲

这是我第一次到俄罗斯。由于时间关系，我只能在俄罗斯待一天。

昨天我从北京乘飞机来俄罗斯时，担心航班晚点。我登机后，巡视机舱一番，我就判定这趟航班只会提前到达，不会晚点，因为乘客大都是瘦人。我的乘机经验告诉我，乘客中瘦人居多，飞机就会提前到达。反之则相反。

我这次来俄罗斯，要做两件事：道歉和感谢。

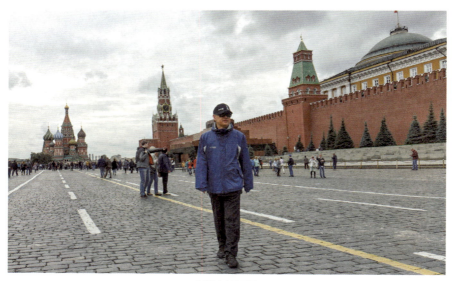

郑渊洁在俄罗斯

先道歉：

20世纪80年代中期，我在中国参加一次笔会。会上，一位写作者发言。发言时，他大谈自己读了多少多少书。他在说完一本外国作家的书后，突然问我，郑渊洁你读过这本书吗？我说没有。他说没读过这本书你怎么能写作呢？当时我十分尴尬。

其实我觉得，世界上没有哪本书是所有人必须都阅读的。大家的遗传基因、后天的成长环境毕竟不一样。

轮到我发言时，我说我最近在读俄罗斯作家库斯卡雅的书。我问大家看过库斯卡雅的书没有？在座的大多数写作者点头说看过。我说，"库斯卡雅"这个名字是我瞎编的，俄罗斯根本没有这位作家。

从那以后我就再没参加过笔会。

服兵役时期的郑渊洁

此事之后，我感觉对不住俄罗斯，心里一直想，如果我有机会去俄罗斯，我要向俄罗斯道歉。现在，请在座的俄罗斯朋友接受我的真诚道歉，我虚构过你们一位原本不存在的作家，更令人不能原谅我的是，我们的一些写作者竟然看过这位根本不存在的俄罗斯作家的作品。

我要感谢俄罗斯：

1970 年，我和发小宋科锋一起服兵役，在空军航空兵部队维修歼 –6 战机。由于歼 –6 的原型是俄罗斯的米格 –19 战机，由此我第一次接触到了俄文。现在我还记得歼 –6 战机上的瞄准具是用俄文标出的，用中文念叫"德哥 4"。

后来我解甲归田后，开始文学创作，我让一只名叫舒克的小老鼠驾驶飞机，成为飞行员。

《舒克贝塔传》的图书总销售量已超过 7000 万册。舒克目前是中国最有名的会开飞机的小老鼠。舒克成为中国三代孩子的朋友。如果没有俄罗斯的米格 –19 战机，如果俄罗斯没有将米格 –19 战机签约销售给中国，我笔下的文学角色舒克不会成为飞机驾驶员。由此我要感谢俄罗斯。

《舒克贝塔传》

这件事告诉我们，两个国家的合作成果不能光看账面上的数据。合作可能对两个国家产生广泛的影响，辐射到不同的领域。比如，俄罗斯当年用米格–19支持中国，谁能想到多年后，中国诞生了一名叫舒克的飞机驾驶员，他成为亿万孩子的朋友。

　　我的发小宋科锋后来成为中国驻俄罗斯大使馆武官，少将。

　　2011年7月10日，美国参谋长联席会议主席马伦上将访问中国，他在和我交流时说，咱俩年龄差不多，都当过兵，但是你成了作家。我说，当我意识到我成为不了将军，不能指挥真的战斗机进行空战时，我就改行当作家，指挥虚构的飞机参加空战，还让小老鼠成为飞行员。

郑渊洁和美国参谋长联席会议主席马伦上将

　　我维修歼–6战机时，负责照看歼–6上的瞄准具、机关炮、弹射座椅、空对空导弹、照相枪和信号弹。给我留下深刻印象的是弹射座椅。

弹射座椅的作用是在飞机遇到无法排除的故障必须弃机时，将飞行员弹射出座舱，飞行员可以跳伞逃生。弹射座椅后面安装有一发炮弹。我服兵役时，部队通报发生过一起地勤人员在地面维修飞机时由于未插保险销，导致弹射座椅误发射，造成人员伤亡事故。自那时起，我就知道了椅子在给人带来舒适的同时，也有风险。

我认为人类的所有发明中，椅子对人类健康的危害较大。自从有了椅子，人类站立和蹲着的时间大大缩短。我感觉椅子给人类带来了最初的富贵病。"坐以待毙"这句中国成语，细想想，很有道理。我从60岁开始瘦身，用7个月时间将体重超标的数十斤成功驱逐。其中一个办法就是尽量远离椅子。

我觉得我们在期盼航班正点的同时，也应该自己做点什么，比如，减去超标的体重，为飞机减负。

郑渊洁在俄罗斯

丝绸之路是我们祖先走出来的，不是坐出来的。国家和国家之间不要坐着观望，应该抛弃椅子，进行合作和行动。国家和国家之间的合作与行动会创造出美妙的故事，让我们的后代传颂和享用。

皮皮鲁送你 100 条命

2011 年 9 月 1 日郑渊洁在北京史家小学的演讲

听到刚才咱们史家小学开学典礼主持人"金龟子"刘纯燕的声音，我感觉很熟悉。我很多年前就听过这个声音。很多年前，刘纯燕给央视拍摄的根据我的童话改编的动画片中的皮皮鲁配过音。刘纯燕今天有点儿过敏性鼻炎，但声音依然比我的声音好听。为什么？因为她会用肚子说话。换句话说，是用丹田说话。我一直不知道丹田的确切位置。后来"月亮姐姐"（王淏）告诉我，找丹田有个简单的方法，双手抬起一张桌子，肚子上用力的地方就是丹田。知道这个方法后，我尝试抬着桌子练习用丹田唱歌。依然唱得不好听。这件事情告诉我，找到路和能不能走好路，不是一回事。

　　我的一位小读者叫关凌，她演过《我爱我家》。有一天，我和她一起参加一个活动，坐在汽车上时，我发现她系了安全带。我对她说："很少看到坐后排也系安全带的人。"关凌说是从小养成的习惯。她说她小学的班主任最在乎的就是全班同学的安全。我问她："你的班主任叫什么名字？"关凌说她的班主任叫王欢。

　　就是咱们史家小学的王校长。很多年前，王欢校长是关凌的班主任。

　　王欢校长非常注意同学们的安全，她对我说过的一句话令我印象深刻：

作为成年人，有幸和这么多孩子天天相处，是一种幸福。我觉得，作为一所学校的校长，能够有这样的想法，是所有同学的幸事。我和王欢校长认识很多年了，我能感受到她是真爱孩子，爱所有学生。

我的儿子郑亚旗出生后，我就想，成为爸爸了，什么事最重要？是孩子的考试分数吗？不是。是知识吗？我觉得也不是。那到底是什么呢？我觉得最重要的是孩子的人身安全。如果这个人都没有了，那什么都不存在了。听说猫有九条命，我们人只有一条命。我就想，作为爸爸，我要送给我的儿子100条命，比猫的命还多。100条命，就是防范100种危险的方法。我给郑亚旗编写了一部家庭教材，叫《皮皮鲁送你100条命》。

《皮皮鲁送你100条命》

由于时间关系，今天我送给史家小学的同学们5条命。我马上要赶到我的母校北京马甸小学去参加开学典礼。马甸小学现在更名为民族小学。

《皮皮鲁送你100条命》第1条命就是注意乘坐汽车的安全。在座的都是未成年人，爸爸妈妈开车带我们上学或者出去玩时，不要坐前排。因为孩子个矮，万一出交通事故，气囊弹出来时会让孩子窒息。孩子要坐后排，一定要系安全带，后排也要系。我们下车时，一定要从右侧的车门下车。因为只要你打开车门碰到别人，不管在任何情况下，责任都是汽车的。从右边开车门碰到别人的概率比从左边开车门要小得多。尽管如此，也有可能碰到行人。所以拜托各位同学，到学校门口下车时，要用左手开车门。用左手开右车门时，你必须把身子转过来，这样余光就能看见车门后边有没有行人了。我们乘坐汽车，开窗享用自然风时，车窗玻璃一定不要低于自己的头部，这样一旦有异物飞来，车窗玻璃能帮你挡"子弹"。被两旁汽车车轮碾轧后弹起的石子等物件，初速非常快，杀伤力不亚于子弹。

《皮皮鲁送你100条命》第19条命是我们的背心和裤衩覆盖的地方不能让任何人碰，只要有人碰了，第一时间告诉爸爸妈妈。这个一定要记住。除了背心裤衩，还有一个地方别人也不能碰，就是尊严。人的尊严也不能让别人碰。

《皮皮鲁送你100条命》第20条命是遇到任何井盖时，绕过去走，不要踩上去。有的井盖是不牢固的。"可靠"这个词是对我们自己讲的，靠别人不靠谱，靠自己最靠谱。任何井盖都不要踩上去。我上小学三年级时，一个同学踩上井盖，井盖翻了，他就掉下去了。

《皮皮鲁送你100条命》第21条命是常年备哨。1976年唐山地震的时候我看到一个新闻，有一位体育老师地震以后被埋在房子里。解放军来救他的时候，他没有气力喊了，但是他枕头旁边有一个哨。他就拿起来吹。解放军听见了。于是他得救了。

从此以后我天天带着哨，我的枕头旁边也放着哨。我建议各位同学今天放学以后，让爸爸妈妈给你买一个哨，放在枕头旁边。假如你一个人在家时，坏人来你家鼓捣门，你从门镜一看，是坏人。但是你一发声是小孩，坏人就不怕你了。这个时候如果你在门后拿起哨使劲一吹，坏人就挂了，吓死了。地震的时候，如果被埋在房子下面，哨是非常管用的。皮皮鲁讲堂每位新同学来时，我会送给他一个哨。我的助理是一位女士，大前天她去一个超市买东西。她出来时，已经很晚了。她的包背在后面，突然感觉有点儿不对头，一个人的手伸到她的包里去了。由于受我的影响，她也带着哨。她拿起哨使劲一吹，你们猜那个偷她财物的人怎么了？他突然跪下双手抱头等待手铐。他认定我的助理是便衣女警察，故意引蛇出洞抓小偷。要不她怎么会有哨？

《皮皮鲁送你100条命》第22条命，别把笔变成匕首。你手里的笔是写字用的。但是有的时候会加一个"首"字，就成了匕首。我小时听说邻校一个学生在写字时，另一个同学从教室外边回来就压在他身上和他逗。结果笔扎进那个同学的眼睛里，该同学的眼球就被摘除了。笔在不写字的时候要放在铅笔盒或者笔袋里，别拿在手里。拿在手上，有可能会伤害你自己，也可能伤害别人，它就不是笔而是匕首了。笔能写出千古文章，也能伤人。

今天就送给大家这5条命。

谢谢大家长时间鼓掌让我不得不返场。同学们希望我今天多送给大家几条命。我再简要说几句。《皮皮鲁送你100条命》第2条命是多喝水，只喝白开水。第3条命是不嘲笑别人。第5条命是别把手指甲和脚指甲剪得太短，太短导致甲沟炎。第 10 条命是不看太阳。第 14 条命是用想象力给生命上保险。第 17 条命是警惕隐形墙。第 24 条命是要吃早饭。第 25 条命是不自杀。第 42 条命是挤踏求生术，遇到踩踏事件怎么逃生。第 59 条命是杀人鱼，吃鱼如何规避鱼刺。第 84 条命是小不忍则乱大谋，如何对待脸上的痘痘。第 99 条命是智斗绑匪。

郑亚旗长大后，将我为他编写的家庭安全教材《皮皮鲁送你 100 条命》出版了，他说应该送给中国所有孩子 100 条命，让孩子们都安全。他告诉我，80% 的儿童意外伤害是可以避免的。

作为孩子，对爸爸妈妈最大的爱，是看好自己，别出事。

中国知识产
High-level Forum o
新时代：知
Era of Innovation:
2017中国知识产权保护高层论坛
High-level Forum on China IP Protection
World
创新时代：
知识产权保
4月20日·北京

原创七宗罪

2017 年 4 月 20 日郑渊洁
在"2017 中国知识产权保护高峰论坛"上的演讲

现场有国务委员、国家知识产权局局长、国家版权局局长、国家新闻出版广电总局（现国家广播电视总局）局长、国家工商管理总局局长、世界知识产权组织副总干事、外国政要以及中国知识产权保护领域的法律工作者、媒体记者等数百人。

　　今天我能以作家身份在知识产权保护高峰论坛演讲，要感谢一个人。

　　这个人是我的前女友。

　　刚才我进入咱们这个论坛举办地远望楼时，触景生情。1976 年，我在现在的远望楼所在地附近的一家工厂当工人，我有女友。

　　本来一切顺利。1977 年的一天，女友对我说，她的身为大学教授的爸爸说，恢复高考了，郑渊洁必须参加高考，他不想让工人给他当女婿。恢复高考前她爸爸对我挺满意。

　　我说高考是好事，但是带有威胁意味的高考我不会参加。女友的爸爸智商很高，他知道父母出面干涉女儿的婚事往往是抽刀断水水更流，他就让儿子出面，哥哥的话，妹妹一般能接受。他们就安排了一次面试：她哥哥和我推着非共享单车在师范大学南门见面，他面试了我 7 分钟就结束了。

他对妹妹说，和郑渊洁分手吧，这人不会有出息。你放心，哥哥看男人很准。她哥哥这话困扰我很久，她哥哥为什么看男人很准呢？后来我看了一部电影才恍然大悟，那电影叫《断背山》。

被抛弃后，我很痛苦。这种感受，我写进了《我是钱》的"五元钞"章节。我就想，我要走一条不上大学也能功成名就的路，让她爸爸后悔。让她爸爸将来一打开电视和报纸看到的就是我。

这是我人生遇到的最重大的一次机遇。《圣经》里这句话有道理：灾难里面有黄金。之后我就开始写作。到现在我已经写了40年。目前我有321种图书出版发行。我一个人将《童话大王》月刊写了32年。2008年，世界知识产权组织向我颁发"国际版权创意金奖"。我创作的皮皮鲁、鲁西西、罗克、舒克和贝塔等文学形象成为中国三代孩子的童年朋友。

联合国世界知识产权组织向郑渊洁颁发的"国际版权创意金奖"的证书

我原以为写作是一件快乐的事，后来才知道，作为原创者，有七宗罪在等着我。我和七宗罪的怒怼经历告诉我，对于作家，最好的理财不是买股票买房子，而是保护自己的知识产权。

我知道大家为什么笑。20世纪八九十年代很多小读者给我写信，我一封信都舍不得扔，我认为这是孩子们对我的信任，这些信能形成多强大的气场啊，它们能激励和护佑我一直写下去。于是我就在北京房价每平方米1400元时买了一些房子，让小读者给我写的信住进去。现在有网友乐于计算这些房子升值的倍数，其实这些房子对于我没有升值，我一分钱也没赚，这些房子对于我永远是赔钱，因为我从未将它们出售或出租，以后也永远不会。在我眼中，升值的是房子里的信。别说是20年前小读者给我写的充满真情实感的信，在几乎已经没人写纸质信的今天，任何一封20年前的信都身价倍增。将来不排除将这些房子改造成"郑渊洁读者来信博物馆"的可能。

现在说说作为原创者，我经历的七宗罪。

郑渊洁收藏的读者来信

第一宗罪：盗版

从 1985 年 5 月 10 日《童话大王》创刊号起，每期《童话大王》的版权页上都有法律顾问、律师的名字出现，几乎期期《童话大王》有律师声明。《童话大王》小读者的知识产权意识由此很强。今天我碰到一些法律工作者，他们告诉我，之所以长大后从事法律工作，缘于儿时的《童话大王》对他们的法律维权启蒙。

《童话大王》杂志

《童话大王》月刊通过故事和律师声明对小读者进行寓教于乐的保护知识产权教育，除了让孩子们从小具有了尊重知识产权的意识外，还有了一个效果：小读者成为我遍布全国的"卧底"，他们向我提供各种盗版信息。

在 20 世纪八九十年代，当我从读者那里获得盗版信息后，维权非常艰难。当我意识到盗版书的数量比我的正版书多时，我的创作积极性受挫，甚至萌生过封笔的念头。2000 年之后，随着国家保护知识产权力度的加大，我开始在和盗版的博弈中打胜仗。

2006 年，读者向我举报发现盗版书后，我和出版社选择了播打 110 向警方报警，盗版触犯《中华人民共和国刑法》。警方经过数月艰苦蹲守跟踪，成功抓获盗版书商，法院将 6 个盗版书商判刑。2006 年 8 月 12 日的《新闻联播》

报道此案时说，这是中华人民共和国成立以来破获的最大一起盗版图书案，缴获盗版书达 320 万本。

等待装订的盗版《皮皮鲁总动员》

2011 年 3 月 4 日夜间，读者向我举报北京通州一家印刷厂正在印刷侵犯我著作权的盗版书。我和助理趁着夜色潜入那家有营业执照的印刷厂，看到印刷机上正在盗印《皮皮鲁总动员》。我对印刷机旁的人说，这是我的书。他说怎么是你的书，是张老板的书。我拿起印刷机旁的盗版书前勒口上的我的照片给他看。他愣了片刻说，你等会儿。

警方查获盗版《皮皮鲁总动员》现场

新华网关于查获盗版《皮皮鲁总动员》的新闻

转眼我的身边出现了十几个手持铁棍的小伙子，将我团团围住。这时我才明白英雄不是谁都能当的。幸亏为了应对北京的交通拥堵，我平时外出穿纸尿裤，否则当时我肯定吓得尿了裤子。

还是我的助理机智，她偷偷拿出手机发微博向北京市公安局的官微平安北京求助。只短短的 8 分钟，10 余辆警车从天而降，包围了那家印刷厂。当时我的感受是，作为作家、作为原创者，当我的知识产权被盗版书商侵犯时，警察为我撑腰保护我。我对那些手持铁棍的人说，还不双手抱头蹲下！

作为作家作为原创者，当你的知识产权被侵犯时，全副武装的警察站在你一边保护你保护你的知识产权，你还有什么理由不努力原创出优秀的作品？

第二宗罪：演绎作品侵权

不断有读者和记者问我，为什么自动画片《舒克和贝塔》后，你很少授权再将你的作品改编成动画片？

20 世纪 80 年代，上海美术电影制片厂将我的作品《舒克和贝塔》拍摄成动画片后，他们未经我授权，根据动画片出版连环画图书，发行量非常大。

《中华人民共和国著作权法》规定，演绎作品的著作权人根据演绎作品再改编成其他形态的作品，需要原著作者授权。

由于当时的知识产权保护力度不够大，我维权成效低。由此，我不再授权影视制作方将我的作品改编成动画片。我有 705 个 IP，假如当时知识产权保护到位，会有那么多外国动画片称霸我们的荧屏？

侵权出版物

2016 年 6 月，上海美术电影制片厂又将根据动画片《舒克和贝塔》改编的连环画交给两家特别著名的出版集团出版发行，这次索性连我享有的著作权中的人身权利也剥夺了，抹杀了我的署名权，甚至换上别人的名字。

这次国家版权局出面保护了我的知识产权，国家版权局认定侵权成立，销毁出版物，侵权方向我赔偿数十万元。国家版权局还为此召开著作权法专家研讨会，法律专家认为演绎作品的著作权人根据演绎作品再改编成其他形态的作品，必须经原著作者授权，原著作者享有署名权和经济报酬权。

郑渊洁在国家版权局

动画片《皮皮鲁安全特工队》

这次维权成功后，我对将我的作品改编成影视作品没有了后顾之忧，我开始大规模授权影视机构拍摄我的作品。根据我的作品《皮皮鲁送你 100 条命》改编的 100 集动画片《皮皮鲁安全特工队》将和孩子们见面。

第三宗罪：出版社隐瞒印数

现在大多数作者和出版社合作，采用版税方式获取报酬。如果出版社向作者隐瞒真实印数，换句话说，少报印数，也是侵犯了作者的知识产权。

1993年5月23日，我到长沙袁家岭新华书店签售我的一套书，现场人山人海，我整整签了一天。其间因为柜台多次被挤倒，最后书店不得不将我转移到一个库房的铁栅栏里边，把我和读者隔开签售。那天售出了12000本书。

长沙袁家岭新华书店签售会现场

几个月后，我收到一封小读者来信，她告诉我，她的爸爸是印刷厂的负责人，我的书的版权页上显示的印数不是真实印数，是大大缩水的印数。

她还将真实印数的印制单复印给我。大家现在知道我为什么视小读者来信为珍宝还买房子给它们住了吧？

我给出版社社长打电话。他说绝对不可能。当我将真实印数向他披露到个位数时，他只能承认并开始向我转账。那时银行规定每天转账有限额。这样的转账持续了很多天，我都被转烦了。

我统计了一下，在我写作以来和我合作过的所有出版机构中，被我发现隐瞒印数并向我支付了隐瞒印数版税的出版机构，占60%。我想，不会只有我一位作者遭遇了正规出版社隐瞒印数。希望所有原创者睁大你的眼睛看紧你的作品的真实印数，这才是理财，不要总盯着房价。

我还希望立法者出台严惩出版社向作者隐瞒印数的法规。同时希望出版社诚信经营。如果您连作家应得的版税都窃取，读者还能从您出版的图书中看到好书？

我送给对作者隐瞒印数的出版社三句话：出版社应该是尊重知识产权的模范。没有不透风的墙。纸包不住火。

第四宗罪：抄袭剽窃

自我写作以来，我的作品多次被抄袭和剽窃，在20世纪90年代的每期《童话大王》月刊上，几乎都有律师根据小读者举报的关于抄袭我的作品的声明。

1999年第4期《科幻世界》刊登了署名"姜春龙"的抄袭我的《大灰狼罗克》第177集《复活的木乃伊》的抄袭之作，除了作者姓名和题目更改为《纸器时代》外，其他一字未改。这篇抄袭之作还被《青年文摘》等数十家报刊转载。抄袭比盗版还无耻，盗版起码还保留作者姓名。

另一种剽窃是某些没有写作能力的"名家"以主编身份坐享其成汇编别人的作品。有的连授权都没有取得，有的居心叵测给作者发函，先祝贺作者的作品荣幸地入选《中国优秀童话选》，如果作者5天之内不回函，就表示授权了。他的函别有用心地在第四天寄出。

郑渊洁维权的相关报道

2001年5月，上海教育出版社未经我授权，将我的作品《红汽车历险记》收入该社出版的《名家童话精品》一书。我起诉至上海市第一中级人民法院。2002 年 11 月 28 日，上海一中院判决上海教育出版社侵权成立，立即停止侵权，赔偿经济损失并道歉。

第五宗罪：商标侵权

我 1981 年创作了文学角色皮皮鲁和鲁西西。我意识到皮皮鲁和鲁西西由于影响大而有了商业价值，可能被没有诚信的商家用于不正当竞争，还可能在我的读者中造成混淆。于是我从 1993 年起开始为皮皮鲁和鲁西西等文学角色注册商标。每个商标注册费 3000 元。

但是我很快发现，花 3000 元给皮皮鲁注册了一个商标并非就能保护，商标有 40 多个门类，必须每个都注册，才能全面保护。例如，我注册了教育类皮皮鲁商标，并不妨碍别人注册第 6 类矿石矿砂皮皮鲁商标。除非您把所有种类都注册了，这需要大约 13 万元。皮皮鲁、鲁西西、舒克和贝塔全注册就是 52 万元。花 52 万元并非一劳永逸，10 年后还得续展，再交 52 万元。这些商标，如果您不使用还不行，3 年不使用商标局就可以撤销，行话叫"撤三"。事实上，我从 20 世纪 90 年代开始开发皮皮鲁衍生产品，和商标 3 年不使用就"撤三"的政策有关。我注册了皮皮鲁商标，必须使用，否则 3 年不使用就有可能被撤销了。

咱们设想一下这样的场面，我在写作《童话大王》月刊的同时，还要经营 40 多个种类的皮皮鲁商品，其中有的我无法胜任，比如，商标第 13 类枪支弹药，我如何生产和销售枪支弹药？

后来我听说如果皮皮鲁被国家商标局认定为驰名商标就可以不用所有

40多类都注册了。是驰名商标，别人就不能注册任何门类了。我问商标代理公司如何认定驰名商标？代理公司说交60万元就可以。我问60万元干什么？对方说其中30万元是代理公司留下，另外30万元公关用。我问公谁的关？他们说你懂的。我不懂。我以小人之心度君子之腹一回，这里是否有寻租空间？希望有关巡视组多回头看几次。

驰名商标认定了并非一劳永逸，10年后重新认定，再交给商标代理公司60万元。

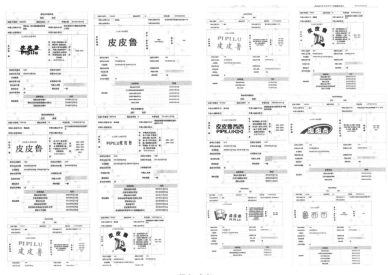

侵权商标

这对一位原创了有知名度的文学角色的作家来说，是他无法胜任的维权工作，他怎么可能又是作家又是军火商又是矿山机械商又是轮胎商又是餐饮经营者又是护肤品经营者又是医疗器械商又是兽医兽药经营者？

再有，世界上最难打开的网站应该是中国商标网。我曾经有过一边写作一边试图打开中国商标网查看有没有侵权注册商标进入公告期的经历。一部 3 万字的童话写完了，中国商标网还没打开。现场哪位朋友拿出手机能在 5 分钟内打开中国商标网，您就是我的偶像。收那么多钱，怎么就不能让使用者随时打开中国商标网查阅商标信息呢？

商标公告期只有 3 个月，如果被侵权者 3 个月打不开中国商标网怎么办？商标事关千家万户，而且不属于国家机密，商标公告信息能否像天气预报那样方便让大众获取？

终于，我们原创者盼来了大救星：2017 年 3 月 1 日，最高人民法院打出保护知识产权的重拳，在商标授权确权时，有知名度的作品角色的当事人主张权利时，人民法院予以支持！这是中国知识产权保护领域里程碑式的进步。

近年来，不断有读者和媒体记者询问我是否在郑州开了一家皮皮鲁餐厅，还有读者在那家餐厅吃出了头发向我投诉。这家餐厅在 2004 年 4 月 6 日恶意抢注了第 3302660 号皮皮鲁商标。2004 年时，皮皮鲁书刊销量已经超过 2 亿册，商标审核员真的一点儿不知道皮皮鲁？同是 2004 年，我儿子郑亚旗在北京一家工商所申办皮皮鲁书店，那工商所的工作人员一看"皮皮鲁"三个字，马上对郑亚旗说，这个名字你不能用，这是作家郑渊洁笔下的知名人物。郑亚旗说，我是郑渊洁的儿子。工作人员说，让你爸爸带着身份证亲自来，还要当着我们写授权书。我亲自去了那家工商所验明正身，郑亚旗才在 2004 年 5 月 14 日拿到皮皮鲁书店营业执照。北京那家工商所尽管让我开了若干证明甚至我本人到场验明正身才核准了"皮皮鲁书店"，但我感到很受鼓舞，我感受到自己的知识产权受到保护。同样是工商局工作人员，难道不应该遵循审查一致性原则吗？

今年 2 月 23 日，我向国家商标评审委员会递交了宣告第 3302660 号皮皮鲁商标无效的申请。国家知识产权局《中国知识产权报》记者闻讯赶来采访我并报道，让我感受到国家对保护知识产权的重视。

《中国知识产权报》报道《"皮皮鲁"被绑架了？》

有人说，虽然最高法出台了作品中的有影响的角色不能被他人注册商标的规定，但法不溯及既往。我认为郑州这家餐厅侵权还在发生，就不是"既往"了，而是现在。郑州那家皮皮鲁餐厅，如果您在最高法今年 3 月 1 日新规实施后不再使用皮皮鲁商标，我不会追究您的侵权责任。您在 3 月 1 日之后继续使用，您就不是"既往"而是正在侵权了，现在侵权，当然适用现在的新法规。

我对国家商标评审委员会宣告第 3302660 号皮皮鲁商标无效充满期待和

信心。

近年有读者谴责我不应该使用鲁西西商标卖肉，影响了读者对鲁西西的感情。我一头雾水。经查才发现北京一家企业注册了第 10409714 号卤西西商标，出售熟肉制品。利用谐音傍名牌，用心真是良苦。难道消费者最看重的不是商家的诚信度？

侵权产品

第六宗罪：商号侵权

总是有朋友对我说，你又在广东开了公司？又在东北开了公司？全国有无数未经我授权用皮皮鲁和鲁西西命名的公司。这属于不正当竞争，给读者、消费者造成混淆。

《中华人民共和国反不正当竞争法》正在修订，修订草案今年 2 月 22 日首次提交全国人大常委会审议。为保护知识产权，我建议增加如下条款：未经作者授权，企业不能使用有影响力的作品角色名称作为商号。

侵权商号

第七宗罪：网络侵权

2013 年 5 月，读者向我举报中国移动手机阅读基地向用户收费提供我的作品。我维权。中国移动承认侵权，停止侵权，向我赔偿。

至于微博、微信侵权，更是举目皆是。

一篇微博发出，很快就被他人复制粘贴到他的微博上重新发出。

大家可能发现我的微博的内容越来越单一，大都是向读者介绍我的书。

这是我防范微博侵权的无奈之举：我发现只有介绍我的书的微博不会被别人复制粘贴窃取。

网络侵权

以上是我作为一名原创者在我写作的 40 年中经历过的七宗罪。原创者不是任人宰割的羔羊。没有原创就没有创新。不是所有的原创都是创新，但所有的创新都是原创。如果原创者创作出作品后因被侵权四面楚歌焦头烂额，谁还会辛勤原创？只有经济实力的国家不能成为真正的强国，真正的强国都拥有文化实力。文化实力的基石是原创。

从我维护知识产权的经历可以看出，我国的知识产权保护力度越来越大，知识产权保护环境越来越好。我们要将原创者的七宗罪变成七棵树，七棵摇钱树。只有如此，我们国家才能拥有文化实力，成为真正意义上的强国。

作为一名原创者，我现在明显感受到，公安部、最高人民法院、国家知识产权局、国家版权局和世界知识产权组织是我维护知识产权的强大后盾。我相信在不久的将来，国家工商总局（现国家市场监督管理总局）、国家商标局（现国家知识产权局商标局）、国家商标评审委员会也会成为维护原创者知识产权的后盾。

2011年4月，新闻出版总署、国家版权局、全国"扫黄打非"工作小组办公室授予我"反盗版形象大使"称号。

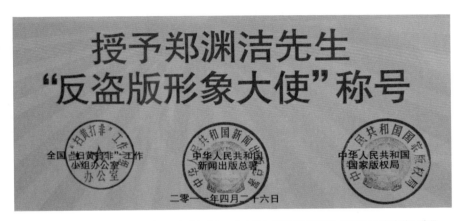

新闻出版总署、国家版权局、全国"扫黄打非"工作小组办公室授予郑渊洁"反盗版形象大使"称号

我的家人有这样的经历：北京一所国际学校的老师对新生说，这所学校只会因为一件事开除学生，就是你抄袭了。写作业时，引用他人的文字要注明出处，如果不说明这段文字是别人的，就是抄袭。

《皮皮鲁和 419 宗罪》

维护知识产权，应该从娃娃抓起。我曾经将《中华人民共和国刑法》编成 419 个小故事，名为《皮皮鲁和 419 宗罪》，寓教于乐地向孩子们普法，效果很好。这本书的销量已经超过 200 万册。

我想再写一本提高孩子们尊重知识产权意识的故事书。

后记

郑渊洁的演讲《原创七宗罪》，在国内外影响巨大。这篇演讲被誉为中国原创者的维权宣言。在这篇演讲发表后，中国商标和商号领域保护知识产权状况大幅改变。

以下侵犯郑渊洁知识产权的商标被国家商标评审委员会宣告无效：

2018 年 2 月 28 日，河南郑州某餐厅侵犯郑渊洁知识产权注册了 14 年的第 3302660 号"皮皮鲁"商标被国家商标评审委员会宣告无效，宣告无效的理由是："皮皮鲁"为郑渊洁创作的童话作品中的主人公名称，具有较强独创性和显著性。第 3302660 号皮皮鲁商标注册人将其作为商标申请注册，其行为违背了诚实信用的社会主义公共道德准则，损害了原创者郑渊洁的合法权益，破坏了社会公序良俗，易使消费者对第 3302660 号皮皮鲁商标使用的"餐厅"等服务的出处产生误认并产生不良之社会影响，构成修改前的《中华人民共和国商标法》第十条第一款第八项所指的情形。这个商标无效案例被中国商标协会评为 2017—2018 优秀商标代理案例。

2017 年 9 月 15 日，上海美术电影制片厂侵犯郑渊洁知识产权注册的第 14761540 号"舒克贝塔"商标被国家商标评审委员会宣告无效。

2018 年 2 月 12 日，麦德发（中国）有限公司侵犯郑渊洁知识产权注册的第 9897138 号"舒克"商标被国家商标评审委员会宣告无效。

2018 年 3 月 20 日，广州市御腾贸易有限公司侵犯郑渊洁知识产权注册的第 9953641 号"舒克"商标被国家商标评审委员会宣告无效。

2018 年 3 月 30 日，常熟市富尔威纺织品有限公司侵犯郑渊洁知识产权注册的第 9648476 号"贝塔"商标被国家商标评审委员会宣告无效。

2018 年 4 月 24 日，上海真巧贸易有限公司侵犯郑渊洁知识产权注册的第 10012181 号"贝塔"商标被国家商标评审委员会宣告无效。

2018 年 4 月 25 日，河南濮东医药科技有限公司侵犯郑渊洁知识产权注册的第 10186086 号"舒克"商标被国家商标评审委员会宣告无效。

2018 年 5 月 15 日，新疆前海集团有限责任公司侵犯郑渊洁知识产权注册的第 10895939 号、第 10895995 号、第 10896020 号、第 10896057 号"舒克天昆百果"商标，第 11229654 号"舒克冰枣"商标被国家商标评审委员会宣告无效。

2018 年 7 月 11 日，维纤宝（北京）食品有限公司注册的第 10409714 号、第 10302075 号、第 10302056 号"卤西西"商标因与"鲁西西"呼叫完全相同，侵犯郑渊洁知识产权，被国家商标评审委员会宣告无效。

2018 年 8 月 16 日，浙江省瑞安市李某某侵犯郑渊洁知识产权注册的第 11969665 号"舒克贝塔"商标被国家商标评审委员会宣告无效。

2018 年 8 月 21 日，石家庄东胜纸业有限公司侵犯郑渊洁知识产权注册的第 9909972 号"舒克"商标被国家商标评审委员会宣告无效。

2018 年 9 月 19 日，福建省福清市翁某某侵犯郑渊洁知识产权注册的第 9991545 号"鲁西西"商标、第 12159556 号"PIPILU"商标被国家商标评审委员会宣告无效。

2018 年 9 月 19 日，重庆市沈某侵犯郑渊洁知识产权注册的第 13215482 号"皮皮卤"商标被国家商标评审委员会宣告无效。

2018 年 10 月 30 日，新疆乌鲁木齐市赵某某侵犯郑渊洁知识产权注册的第 10564689 号"贝塔阳光"商标被国家商标评审委员会宣告无效。

以下企业侵犯郑渊洁知识产权的商号被各地市场监督管理局依法行政更改企业名称：

2018 年 3 月，郑州市 8 家"皮皮鲁西餐厅"因企业名称侵犯郑渊洁知识产权被郑州市场监督管理局依法责令更名。

2018 年 5 月 29 日，安徽"芜湖皮皮鲁文化传媒有限公司"因企业名称侵犯郑渊洁知识产权被安徽芜湖市场监督管理局依法行政责令更名。

2018 年 8 月 23 日，广东"广州皮皮鲁电子产品有限公司"因企业名称侵犯郑渊洁知识产权被广东广州市场监督管理局依法行政责令更名。

2018 年 7 月 16 日，浙江"湖州皮皮鲁手绘创意文化有限公司"因企业名称侵犯郑渊洁知识产权被浙江湖州市场监督管理局依法行政责令更名。

2018 年 9 月 4 日，江苏"南京市秦淮区皮皮鲁宠物店"因企业名称侵犯郑渊洁知识产权被江苏南京市场监督管理局依法行政责令更名。

2018 年 7 月 30 日，浙江"宁波皮皮鲁服饰有限公司"因企业名称侵犯郑渊洁知识产权被浙江宁波市场监督管理局依法行政责令更名。

2018 年 8 月 3 日，浙江"宁波皮皮鲁餐饮管理有限公司"因企业名称侵犯郑渊洁知识产权被浙江宁波市场监督管理局依法行政责令更名。

2018 年 9 月 4 日，浙江温州"苍南县龙港皮皮鲁童鞋厂"因企业名称侵犯郑渊洁知识产权被浙江温州市场监督管理局依法行政责令更名。

2018 年 8 月 17 日，安徽"合肥市包河区小皮皮鲁小吃店"因企业名称侵犯郑渊洁知识产权被安徽合肥市场监督管理局依法行政责令更名。

2018 年 9 月 20 日，"西藏皮皮鲁创业投资管理合伙企业（有限合伙）"因企业名称侵犯郑渊洁知识产权被西藏市场监督管理局依法注销。

2018 年 9 月 17 日，湖北"武汉皮皮鲁科技发展有限公司"因企业名称侵犯郑渊洁知识产权被武汉市场监督管理局依法行政责令更名。

2018 年 8 月 29 日，安徽"合肥市包河区舒克和贝塔产后护理服务部"因企业名称侵犯郑渊洁知识产权被安徽合肥市场监督管理局依法行政责令更名。

2018 年 10 月 18 日，山东"烟台舒克贝塔电子商务有限公司"和"烟台舒克贝塔食品有限公司"因企业名称侵犯郑渊洁知识产权被山东烟台市场监督管理局依法行政责令更名。

2018 年 9 月 29 日，甘肃金昌"金川区皮皮鲁商店"被甘肃金昌市场监督管理局依法注销。

2018 年 10 月 12 日，吉林"松原市宁江区皮皮鲁精品书屋"被吉林松原市场监督管理局依法注销。

2018 年 10 月 17 日，福建"厦门皮皮鲁宠物诊所有限公司"因企业名称侵犯郑渊洁知识产权被福建厦门市场监督管理局依法行政责令更名。

2018 年 11 月 22 日，内蒙古"呼伦贝尔舒克通用航空有限公司"因企业名称侵犯郑渊洁知识产权被内蒙古呼伦贝尔市场监督管理局依法行政责令更名。

2018 年 11 月 2 日，"北京舒克贝塔兄弟台球俱乐部有限公司"因企业名称侵犯郑渊洁知识产权被北京市场监督管理局依法行政责令更名。

2018 年 11 月 19 日，四川"成都皮皮鲁网络科技有限公司"因企业名称侵犯郑渊洁知识产权被四川成都市场监督管理局依法行政责令更名。

2018 年 11 月 27 日，湖南岳阳"岳阳楼区皮皮鲁文具玩具超市"因企业名称侵犯郑渊洁知识产权被湖南岳阳市场监督管理局依法行政责令更名。

2018 年 11 月 30 日，云南"开远市皮皮鲁经营部"因企业名称侵犯郑渊洁知识产权被云南开远市场监督管理局依法行政责令更名。

对父母最好的报答
是看好自己别惹事

2015 年 1 月 10 日郑渊洁在日本驻华大使
馆"日本青年成年仪式"上的演讲

今天对在座的所有成年的孩子来说是个好日子，从今天开始你们就可以光明正大地喝酒了。

我觉得酒可以少喝一点，适量喝，但是烟不要抽。我写了几百本书，但我一根烟都没抽过。

我演讲从来不写演讲稿，包括有一次讲 6 个小时，都没写过一个字的稿子。我认为照本宣科是对听众的不尊重。但是今天为了保证翻译工作顺利，刚才翻译何小姐跟我说作家的话最难翻译，她要求我们事先沟通一下。

但我现在忘了跟她说过什么了。

我今年 60 岁，我觉得成年以后要做的第一件事就是报答我们的父母，因为他们养育了我们。对父母最好的报答是看好自己别惹事。

遇到有人欺负你的时候，要冷静一下。我成年后，曾经有一个人欺负我，在我 20 多岁的时候，那时我刚开始写作，他在一次笔会上侮辱我。当时我挺想收拾他一下。

后来我选择了另一种方法：最好的报复就是让你的对手看到你生活得越来越好，越来越有名。

我在 1985 年开始一个人写一本名叫《童话大王》的期刊，到现在我已经一个人将《童话大王》月刊写了 30 年，总印数超过 2 亿册。一个人写一本月刊 30 年，大家会说怎么坚持下来的。我坚持下来的秘诀之一就是我将欺负过我的那个人的名字贴在我的写字台前，激励自己要努力。

　　有一个东西是在我们成年以后会离开我们的，我觉得在场的各位同学你们要想方设法留住它。如果把它保持到 30 岁，那样就谁也挡不住你成功了。这东西就是好奇心。

郑渊洁在日本支笏湖

人有两种年龄，一种是生理年龄，一种是心理年龄。生理年龄我们应该让它按部就班前进，让它成年。心理年龄最好让它越小越好。我测过一次心理年龄，我的心理年龄是 6 岁。

有件事情可以证明，2012 年 2 月，日本政府邀请我去日本考察教育。其间，我去了一个叫支笏湖的地方。

郑渊洁和日本前驻华大使木寺昌人

当时我乘坐的汽车有点反常，发动机的声音不太正常。然后我看支笏湖旁边有一座展览馆，里面有一段木头，是几百万年前的。我在想我乘坐的汽车在外面为什么反常呢？我想可能是这段木头它的另一截埋在了地下，然后木头变成了石油，石油加在了我乘坐的汽车里，然后他们现在亲人相聚了。我觉得他们在相聚以后互相聊这几百万年的经历，非常有意思。我就把它记录下来了，写了一部作品，收录在我的一本叫《鲁西西传》的书里面。这本书后来我还送给过木寺昌人大使。

最近我特喜欢玩自拍，上个月 19 日我在四川大学创造了一个纪录，与 60 名大学生拍了自拍照。后来我一查，说最高自拍纪录是 70 人合影。今天在座的这么多孩子，我看程序上有咱们合影的安排，咱们今天是不是能在你们成人的时候创造一个自拍 100 人的世界纪录，来记录你们的成人仪式。

谢谢木寺昌人大使，谢谢大家。

童书是大使

2017 年 9 月 27 日郑渊洁在荷兰驻华大使馆的演讲

我现在每新认识一位年轻人，自然会判断他是否有前途。我判断的方法并不是看他的言谈举止，而是看他身边有什么样的朋友。换句话说，看他的朋友圈由什么样的人组成。身边的朋友是什么样，自己也会是什么样。立身成败，在于所染。

　　我很想找捷径，希望发现某个职业的从业者都是高素质，但一直未能如愿。近几年，我发现大使这个职业的从业者大都儒雅，风度翩翩、视野开阔，不缺格局。例如，我接触过的瑞典驻华大使林戴安，接触过的英国驻华大使吴思田、美国驻华大使博卡斯、日本前驻华大使木寺昌人、中国前驻瑞典大使陈明明、中国前驻马来西亚大使胡正跃、中国驻秘鲁大使贾桂德、中国前驻哥伦比亚大使汪晓源……

　　我应该没机会成为大使了。但是我的孩子是大使。童书也是大使，我写童书，童书是我的孩子。好的童书，被其他国家的孩子阅读并喜爱后，寓教于乐，成为孩子了解外国的最佳渠道。儿童时期的阅读"先入为主"，印象深刻。从这个角度说，童书也是大使。

　　人在童年时期阅读的作品会伴随孩子成长。今天我们这个活动的主持人月亮姐姐是中国著名的少儿节目主持人。月亮姐姐在童年时期阅读我的作品。2005年《童话大王》月刊创刊20周年庆典是月亮姐姐主持的。看到昔日的小读者长大成人，我感到欣慰。前些年，我为月亮姐姐策划了舞台剧《月亮姐姐和嘟噜嘀嘟农场》。这部舞台剧在国家大剧院演出时，月亮姐姐邀请我客串剧中角色。开始我客串太阳公公，可怎么演都不成功。后来我改为客串反派角色，大获成功。可能因为我是本色出演。

郑渊洁和英国前驻华大使吴思田

郑渊洁和美国前驻华大使博卡斯（中）

郑渊洁和瑞典前驻华大使林戴安

2016 年 2 月 21 日，我到西班牙毕加索故居看望毕加索，他说过的一句话我认同。毕加索说，他 20 岁时画的画就达到了文艺复兴大师的水准，他到 60 岁时才画到 5 岁儿童的水平。好的童书和儿童保持一致，充满想象力和好奇心。

荷兰王妃劳伦特林也写童书。2011 年 9 月 1 日，我和劳伦特林王妃在北京切磋写童书的感受。我俩还约定要合著一本童书。

郑渊洁和荷兰王妃劳伦特林

荷兰有出色的童书。今天我们这个活动的主角是一本荷兰童书。这本书的作者伊登是医生，一位出色的精神分析学家。有时候我在家里看到买了供食用的活鱼，我会对家人说，我认出其中一条鱼是龙王的女儿，龙王的女儿不能吃。于是家人将其放生。后来家人安排我参观北京安定医院。参观完我说，安定医院门口的牌子应该换成作家协会。进入写作状态的作家，其精神状况和安定医院的住户有一拼。我想，伊登先生能写出优秀的童话，和他娴熟的精神分析技能应该不无关系。

童书是大使。世界各国人民友善交往，从娃娃开始效果最好。

中文的魅力

2016 年 10 月 29 日郑渊洁在秘鲁里卡多·帕尔玛大学的演讲

昨天，中国前驻秘鲁大使黄慧敏在古印加帕恰卡马克遗址，向我介绍秘鲁文化。

在黄大使向我介绍古印加文化时，中国驻秘鲁大使馆的文化参赞为我们拍了一张照片，大家都说这张照片拍得好。我认为原因是两位被拍摄者的目光没有看镜头，而是对视。

我认为照相时，如果被拍摄者眼睛看镜头，拍出来的是照片。如果被拍摄者眼睛不看镜头，拍出来的就是油画。

同样，一个人如果将主要精力放在母语上，他就会发现母语魅力四射；如果他将主要精力放在外语上，也会发现外语的魅力，甚至通过比较和驾驭两种语言，让思维更开阔。

我是只靠母语生存的人，我对所有外语一窍不通。这常常让我自惭形秽。目前，我只能看到中文的魅力。这也有好处，只专注于母语的我，在成为一只井底之蛙的同时，将我生活的井变成取之不尽的源头。

现在和大家分享一个我亲身经历的故事，并由此来感受中文的魅力。

我从1977年开始文学创作。我在写作之余，还会和孩子们分享写作的乐趣，让孩子们对写作产生兴趣。我的儿子郑亚旗在北京创办了皮皮鲁讲堂，2007 年至 2012 年，郑亚旗聘请我在皮皮鲁讲堂和孩子们交流写作。

我教孩子们写作文的方法是当场抽签产生一位孩子，这位孩子上台坐在我身边，我当着所有孩子和这位孩子限时聊天 5 分钟，然后当众用 20 分钟写一篇 800 字的文章《郑渊洁眼中的×××》，让孩子们通过大屏幕看我写作的全过程。数学老师教学生时会先演算题，英语老师会先发音，唯独鲜见语文老师教作文时自己当场演示写作过程。我用这样的方法教孩子们写作，效果很好。

2008 年 4 月 9 日，我到陕西省佳县木头峪乡羊圈山村给孩子们讲课，教孩子们写作文。佳县是国家级贫困县，常年干旱，主要的农作物是枣。

我在羊圈山村的小学和孩子们交流写作，抽签产生了一位 8 岁的小姑娘。

小姑娘坐到我身边，我和她开始聊天。准备在聊天后当着孩子们写一篇《郑渊洁眼中的×××》。

聊天过程中，我听到小姑娘的肠鸣声。我问她刚过午饭时间，为什么肚子叫？

她说这里穷，一天只吃两顿饭，早上吃干的，晚上喝稀粥。

我感到震惊。我认为，中国只要还有一位孩子由于经济原因在长身体的时候吃不上三顿饭，就是所有中国成年人的奇耻大辱。

我决定帮助她，以及和她一样一天吃不上三顿饭的中国孩子。

我决定不写《郑渊洁眼中的×××》了，我要当着孩子们的面写一篇 800 字的童话，让全国读者知道还有一天吃不上三顿饭的孩子，大家都伸出援手，帮助孩子们。

我用 20 分钟写出了 800 字的短篇童话《红枣女孩》。由于羊圈山村没有网络信号，4月10日我回到佳县县城后，将这篇童话发布在我的新浪博客上，两天有68万人阅读。

郑渊洁在羊圈山村

同年 5 月，我作为班主任带着这位小姑娘和其他几位穷孩子走出山区，到上海参加东方卫视历时 4 个月的《加油！ 2008》直播节目。电视观众用手机短信的方式捐款，每条短信捐款 2 元，帮助生活在贫困地区的孩子们每天吃上午饭。

我作为班主任带着这些来自贫困地区的孩子通过这个电视节目为全国贫困孩子募集了 5 亿元善款。

《红枣女孩》被誉为"高含金量"的童话，每个字价值 60 万元。这是中文的魅力。

现在我给大家朗诵这篇童话：

红枣女孩

当女孩儿第一次睁开眼睛看世界时，她发现自己的妈妈是一棵枣树。女孩儿看到了自己的姊妹和她一样牵挂在妈妈身上，每位女孩儿都是一朵小小的枣花，在蓝天下用笑容彰显美丽。妈妈对自己的每个孩子都悉心呵护，她不遗余力地从贫瘠的土地汲取营养，再通过自己的躯干将营养传输给每一个女儿，促使她们女大十八变。妈妈有时力不从心，她每天只能给孩子们吃两顿饭。

一天，女孩儿问妈妈："世界上的生命都是我这个样子吗？"

妈妈说："不都是你这个样子。还有很多种，比如，有的生命会飞，刚才落在你身边的叫鸟。"

女孩儿："我为什么不会飞？"

妈妈："如果所有生命都会飞，世界就乱了。坚守同样光荣。"

女孩儿："还有别的生命吗？"

妈妈："有的生命会造汽车。"

女孩儿："什么是汽车？"

妈妈："现在从远处开过来那东西就是汽车。"

女孩儿："能造汽车的生命很了不起吧？"

妈妈："所有生命都了不起。咱们不会造汽车，但他们不会开花。"

女孩儿："我想坐汽车。"

妈妈："那你就要克服很多困难，坚持成长。等你咸为果实时，就会坐上汽车周游世界。"

妈妈所说的困难，女孩儿很快就领教了。烈日当头，女孩儿无处藏身，她咬牙坚持，就为了坐汽车的愿望能实现。没有一滴水，没洗过一次澡，女孩儿每天风浴，灵魂一尘不染。

一些姊妹坚持不住，从妈妈身上逃脱，女孩儿目睹她们化为腐朽。

女孩儿在贫困、干旱和酷日下凝聚生命，由青变红，成为一颗魅力四射的红枣女孩儿。

这天，一辆汽车开到枣树下。

妈妈对女孩儿说："祝贺你，你坐汽车的时候到了。"

女孩儿说："您怎么知道？"

妈妈说："因为你红了。"

女孩儿说："我的红皮肤很好看吧？"

妈妈："那是血的颜色。"

女孩儿："血是什么？"

妈妈："造汽车的生命离不开血。如果没有血，他们就造不出汽车了。"

女孩儿急了："他们会缺血吗？"

妈妈："会。"

女孩儿："那怎么办？"

妈妈："你可以为他们补血，你是红枣女孩儿，你的颜色就是血的颜色。你愿意吗？"

女孩儿："我愿意。"

妈妈："会造汽车的生命中也有女孩儿，她们会失血，她们最需要你的帮助。"

女孩儿："我要去帮助她们，为她们补血。"

女孩儿坐着汽车离开了贫瘠的土地，用自己的生命去给别的生命补充血液。

▌后记

演讲结束后，掌声经久不息。秘鲁里卡多·帕尔玛大学校长向郑渊洁表示希望保持联系，促进秘鲁和中国的文化交往。

礼让斑马线让你有幸福感

2017 年 7 月 5 日郑渊洁在北京市某驾校学员毕业宣誓仪式上的演讲

2015 年 12 月，我授权某出版社出版发行的"皮皮鲁总动员系列图书"合同到期。我的皮皮鲁图书版权代理人郑亚旗物色了几家出版社，拟从中挑选一家授权其出版发行皮皮鲁系列图书。我从 1977 年写作至今已经 40 年，我的图书和《童话大王》月刊的总印数超过 3 亿册，我的图书在哪里出版，应该能增加当地的税收、财政收入。

皮皮鲁系列图书和《童话大王》月刊

郑亚旗询问我的意见。我毫不犹豫地选择了浙江少年儿童出版社。郑亚旗问为什么。我说这几年我每到杭州，我过马路时，机动车都是礼让行人先走。我的感觉特别好。我认为机动车驾驶员能礼让行人，是当地市民整体素质高的体现，也是当地政府管理水平、管理智慧高的体现。老百姓素质高、政府管理水平高，在这样的环境下生存的出版社，经营理念也会高人一等。

事实证明我的判断是正确的。从 2015 年 12 月我的皮皮鲁系列图书授权位于机动车礼让行人的杭州的浙江少年儿童出版社出版发行以来，图书的销量大幅上升，以至于到了让我惊叹的程度。其实，在机动车礼让行人的杭州，在全国处于同行业领先地位的企业不止浙江少年儿童出版社一家，可以说举目皆是。我认为这和杭州机动车礼让行人有内在关系。

我们经常可以看到国际权威机构公布的全球幸福感指数排名。可见幸福感是不同国家人们的共同追求。我 22 岁时选择写作谋生，我的最高追求也是幸福感，我希望通过写作，让自己成为一个幸福的人。

然而我写作到第 31 年时，全然没有感受到幸福，只有成就感。我为此苦闷，我想，我已经写了千万字的作品，书刊印数数以亿计，怎么只有成就感没有幸福感呢？

在我写作的第 31 年的 2008 年 5 月，汶川发生强烈地震。当天郑亚旗给我打电话。

他说："郑渊洁你应该向汶川灾区的孩子们捐款。"

我问："为什么？"

郑亚旗说："汶川地震发生在上课的时候，有不少孩子遇到灾难。他们买过你的书，现在需要你的帮助。"

我说："怎么捐？捐到哪？"

郑亚旗说："捐到最正规的中华慈善总会吧。"

我说："你能确保捐款用于帮助灾区的孩子？"

郑亚旗说："应该能保证吧。如果你担心捐款不能用于帮助灾区的孩子，你再另给灾区的孩子们买干脆面送去。那里现在需要即食食品。"

我问："捐多少？"

郑亚旗说："你的书在中国作家中销量靠前，你的捐款数额至少应该是'中国其他作家'捐款的总和。"

汶川地震，我用稿费向灾区的孩子捐款30多万元，此外还为灾区的孩子买了5万元的干脆面。

郑渊洁向地震灾区的孩子捐赠干脆面

我除了稿费没有其他收入。我的钱都是一个字一个字写出来的。说实话，捐这么多钱，我有点儿心疼。但是奇特的事情发生了。捐款后，我期待了31年的幸福感从天而降。我这才明白，获得幸福感只有一个渠道：不求回报地帮助陌生人。

　　玉树地震时，郑亚旗又给我打电话"劝捐"。我说这次不用你动员了，我问他中国其他作家的捐款总和是多少，他说8万元。我向玉树灾区的孩子捐款100万元。幸福感再次从天而降。

郑渊洁为玉树地震灾区捐款100万元　　　　　　　　郑渊洁在善款捐赠现场

　　这之后，我又找到了不用捐款也能获得幸福感的方法。近年我到杭州，当我过马路被停下的机动车礼让时，我有了幸福感。于是我在北京驾驶机动车时，我也礼让行人。每次我礼让行人，幸福感都涌上心头，能幸福一整天。

　　我的驾车原则是，在没有交通信号灯的斑马线前，无条件礼让过马路的行人。在有交通信号灯的斑马线前，右转弯时礼让行人。

　　不用捐钱也能获得幸福感的最有效的方式是驾车时礼让斑马线。不信你试试。幸福感是人生的最高追求，踩一脚刹车就能获得幸福感，真是回报率最高的投资，而且几乎是无本生意。

我认为，驾驶三种车的司机如果能带头礼让斑马线，就能迅速带动全市司机礼让斑马线并形成风气。这三种车是：公共汽车、出租车和军用车。

到现在为止，我在北京走斑马线过马路时，还没遇到一位司机礼让我。我一直期待这位司机的出现。第一位在斑马线礼让我的司机，我会拍下他的车牌号，如果能找到他，我要送他一套有我签名的皮皮鲁图书。我期待这一天早些到来。

有年轻的朋友问我择偶时如何能不看走眼不被假象迷惑。我说最简便最准确的方法是您坐他（她）开的车。驾车时最能体现一个人的真实素质。对于驾车时无视他人不开转向灯随意变线、不排队加塞儿、蛇行的人，您一定要远离。驾车时心急火燎分秒必争的人，在人生的道路上大都蜗行。因为在人生道路上勇往直前捷足先登的人，都知道在交通行车时欲速则不达的道理。

我有一套让孩子们注意安全的销量很大的图书《皮皮鲁送你100条命》，通过故事寓教于乐教给孩子防范100种危险的方法。第1条就是交通安全。

有金融机构请我去讲理财。我说理财的第一准则是遵守交通规则。我们知道，理财最重要的是确保您的现有财产不受损失，如果您不遵守交通规则，驾车酿成负主要责任的人身伤亡事故，您就会损失钱财。如果驾车在斑马线上撞了行人，您的财产肯定会受损。

所以说，我认为理财的第一准则是：礼让斑马线。

作为老司机，送给各位新司机两句话：欲速则不达。己所不欲，勿施于人。

郑渊洁作品

大家马上要拿到驾驶执照了。从驾车上路的第一刻起，不当马路杀手，当马路天使。要想成为马路天使，从礼让斑马线开始。

我现在为驾校毕业学员颁发驾照。第一位领取驾照的学员是都××，这个姓氏很少见，这位美女司机姓都，首都的都。我有一次去一所小学讲课，孩子们让我为他们签名并写一句鼓励的话。大家知道，现在的孩子的名字很多都是只有《康熙字典》里才有的字，而我只上过 4 年小学，根本写不出来。我就找了个捷径，我看见孩子们戴的胸牌上有名字，我就照着写。当我发现一连 4 位孩子都姓"走"时，我有点儿奇怪。再一看，胸牌上写着"走读生"。

行车安全，判断力非常重要。要知道你前后左右车辆的动态。千万别像我，将"走读生"误判成人家的名字。

都学员，你开车时能做到礼让斑马线吗？

榜样的力量

2017 年 9 月 16 日郑渊洁在亚洲影响力盛典获封
"亚洲最具影响力作家"时的演讲

我和现在举行的"2017亚洲影响力盛典"的主持人华少在2008年9月4日第一次见面时，是在杭州西湖的一条小船上。那时的华少十分青涩。9年过去了，华少依然年轻，我的体重却猛增。体重超标，是告别"年轻"的一个标志。

　　刚才我上台前碰到刘晓庆，我想起2015年5月12日我参加一个聚会，和刘晓庆共进晚餐。刘晓庆和我年龄相差不多，她却保持了年轻人的身材，我和刘晓庆坐在一起，像两代人。

　　一个月后，我过60岁生日时，家人希望我再活50年。我清楚体重超标是健康的敌人。于是我决定瘦身。我成功了。现在大家看到的我和以往见到的我大相径庭。我的体会是，瘦身是不需要花钱的，一分钱都不用花。不用去健身房，不用吃减肥食品和药品，亦不用剧烈运动。吃多吃少不重要，重要的是吃什么，更重要的是什么时间吃；运动多运动少不重要，重要的是什么时间运动，更重要的是饭后1个小时之内千万不要坐卧。

　　2017亚洲影响力盛典的主旨是"见证榜样的力量"。我人生的第一位榜样是我的父亲郑洪升。

　　我1955年6月出生在河北省石家庄市。那时我父亲郑洪升是中国解放军石家庄高级步兵学校的哲学教员。我父亲只上过 3 年私塾。他如果要将当教员的职业持续下去，需要自学支持。

从我出生起，见到最多的场面，是父亲趴在桌子上看书写字。那时我家只有 7 平方米，全家人低头不见抬头见，父亲是抱着 1 岁的我看完《资本论》的。至今我家收藏的那本《资本论》第 213 页右侧空白处的铅笔印就是我的眉批。由此，我从小就对看书和写字产生了崇拜心理。

孩子出生时，谁和孩子相处最多，那人就是孩子人生的第一位榜样，孩子会膜拜他模仿他。家里有了宝宝，全家人应该投票选出家族最优秀者和孩子朝夕相处，当宝宝的榜样。如果让家里最闲的最没事业心的人和宝宝朝夕相处，就违背了"虎毒不食子"的祖训。

郑渊洁和父亲郑洪升

郑洪升收藏的《资本论》

我家现在有个规定，谁也不能当着孙女面使用手机，只能当着孙女看书或者和她玩。我和孙女在一起时，如果有重要的事需要使用手机，我会躲到卫生间。凡是经常和我电话联系的朋友都问过我同样的问题：您家为什么总有水声？装了瀑布景观？我心想，没有水声还叫卫生间？

郑渊洁在 2017 亚洲影响力盛典获封"亚洲最具影响力作家"

我的感受是，榜样大都不是同龄人。人的习惯似乎是爱拿非同龄人当榜样。人是不需要一直和同龄人待在一块儿的。我判断一个人有没有出息，就看在他的一生当中，不同年龄段身边是什么年龄的人。如果一直是同龄人，这个人可能不会有大出息。如果他小时候一直跟同龄人在一起，那么互相之间传播的信息可能以讹传讹。但要是跟比他大的孩子玩，那么进步就会特别快。下棋也是一样的道理，你跟高手下棋进步肯定特别快，你跟同等水平的人下棋就会永远原地踏步。如果你跟水平还不如你的人下棋，那么棋技只会越来越差。当你 20 多岁的时候，你的身边如果是四五十岁的人，你的进步就会快。当你到 60 多岁时，你的身边如果是 20 多岁的人，你会很厉害。这里面的道理随便一想都能明白。我的感受是，在生命的不同年龄段，尽量远离同龄人。同龄人很难成为你的榜样。

父母在孩子上小学之前，应该尽量少让孩子和同龄人相处。

我手中的奖杯"金镶玉爵"非常棒，它的设计师是瑞典国际设计大师嘎洛。刚才我有幸和嘎洛一起走红毯，大师就是大师，魅力四射，气场强大。

我的父亲有四个爱好：阅读、写作、散步和小酌。86 岁的家父每天中午小酌五两白酒。我劝他可以减到四两半，这样对健康有利。他说没到 80 岁的人没资格谈养生。

我回家要拿"金镶玉爵"给父亲当一回酒杯，我目测"金镶玉爵"和家父的酒量十分般配。

我一会儿从咱们盛典现场直接去机场飞莫斯科。"金镶玉爵"能过安检吗？

我派红汽车到非洲历险

2018 年 2 月 2 日郑渊洁在埃塞俄比亚
"中埃和非盟公共外交对话会议"上的演讲

在人的一生当中，印象特别深刻的事不会有很多。我今年63岁，在我63年的生命历程中，有一件事印象深刻。

20世纪70年代的一天，北京的长安街两边都是人，大概有10万人。我想这是干什么呀？这是在欢迎埃塞俄比亚的海尔·塞拉西皇帝。海尔·塞拉西皇帝很神气，他站在一辆敞篷汽车上，驶过长安街。汽车还环绕着天安门广场转了一圈。当时我挺羡慕皇帝。

我就想，我是不是可以换个方式当皇帝呢？后来我成为童话作家，我用笔创建自己的童话王国，用笔驾驭我笔下人物的命运，跟当皇帝差不多。

《皮皮鲁和红汽车历险记》

我有一部作品叫《红汽车历险记》。我虚构了一辆玩具红汽车，我让它在世界上历险。我写这部作品时，想起了海尔·塞拉西皇帝站在敞篷车上。于是我让我的红汽车开到了非洲。这部作品的印数超过了100万册。我们中国很多读者在年龄很小的时候，通过这部作品，知道了非洲。

我觉得两个国家之间应该多交往，实际上国家与国家之间的交往，影响会非常广泛。当年海尔·塞拉西皇帝访问中国时，可能我们两国的领导人不会想到，由于这次访问，在几十年后，中国会出现《红汽车历险记》这样一部涉及非洲的儿童文学作品。

2017年9月16日在北京举办了亚洲影响力盛典活动，在活动现场，我获封"亚洲最具影响力作家"。开始我还挺高兴。后来我才意识到，现在我们中国比较注意环境保护，为了减少碳排放，那天在盛典现场，节省用电，灯光比较昏暗，他们给我颁奖是为了让我的光头去照亮会场。

其他获奖嘉宾的获奖感言都是感谢他们的老师、家人等。轮到我发表获奖感言时，我说我感谢茶和咖啡，因为我这几年写作时，我需要这两样东西给我提神。我没有抽过烟。我一个人写一本月刊《童话大王》杂志33年，我写了2000万字的作品。

我写这么多作品，我不抽烟，刚才说了，我只是这几年写作才靠茶和咖啡提神，而我已经写作了40年。这之前我靠什么提神呢？在20世纪80年代时，有一次我参加一个笔会，有个大学教授说，咱们这里有个工人不知天高地厚，异想天开一个人写一本月刊，这是不可能实现的事。他是在说我，我当时的身份是工人，我只读过小学四年级。后来我就把这个人的名字贴在我的写字台前方，靠这个名字激励自己，在写作时靠这个名字提神。

我觉得埃塞俄比亚很了不起，从来没有成为别人的殖民地，这需要不屈服的精神。我也有不屈服的精神。

刚才说了，近些年我写作需要靠茶和咖啡支持，因为那个人的名字对我已经起不到刺激的作用了。有时我会拿不定主意今天写作是喝咖啡还是喝茶，我会通过掷硬币决定。后来我发明了一个方法，就是先泡茶，然后用茶水冲咖啡。

我觉得对世界文化贡献最大的应该是茶和咖啡。我们中国是茶的发源地，而埃塞俄比亚是咖啡的发源地。我觉得中国和埃塞俄比亚是对世界文化贡献最大的两个国家。

昨天我去拜会了人类的祖母露西。我在想，我回北京后是否为她写一部童话书，把她介绍给我们中国的孩子。

我觉得露西祖母应该是一位美女，我在亚的斯亚贝巴的大街上看到的女孩都是美女，我觉得她们的遗传基因应该都来自露西。

祝你成为千年老妖

2017 年 4 月 23 日世界读书日郑渊洁在宁波的演讲

前几天我看到一个信息，儿子的智商百分之百遗传自妈妈，女儿的智商 50% 来自妈妈，50% 来自爸爸。看到这个信息，我知道我为什么能一个人写《童话大王》月刊 32 年了，我觉得我找到答案了。原因是我的智商百分之百来自我妈妈。为什么我的智商来自我妈妈，我就会这么能写呢？我妈妈祖籍是浙江绍兴。她的爸爸是有名的中医刘润甫，我外祖父的爸爸的爸爸被清朝的皇帝看中，举家迁京，到皇宫给皇帝的妃子看病。

不光是这件事能证明浙江人聪明，还有一件事。每年有个作家图书销量排行榜，原来叫中国作家富豪榜，现在叫中国作家榜。我好几年不是榜首了，但是今年就成为榜首了。为什么呢？我儿子郑亚旗把我的书交给浙江少年儿童出版社出版发行。才一年，他们就让我成为中国作家榜的榜首。浙江少年儿童出版社的汪社长现在就坐在咱们的会场里，他会驾驶歼 -6 战机，曾经是歼击机飞行员。我曾经是歼 -6 战机的军械员。现在，歼 -6 战机的军械员写的书在飞行员任社长的出版社，好玩吧！生活本身就是故事。

当然，浙江人比其他地方的人能干这个是开玩笑，以地方衡量人的才干是童话。什么能衡量人的前程呢？阅读。喜欢阅读的人事半功倍。比如，以色列。以色列的人均阅读量在世界上位于前列，犹太民族在世界上持有的财富很多，这归功于他们阅读量大。我今年要去以色列实地看看。话说回来，浙江人能干不是因为他是浙江人，而是由于浙江人的阅读量在中国位居前列。

郑渊洁在宁波演讲现场

我家的冰箱上贴了一张 A4 纸，上面写满了人名。我管它叫黑名单。我出去参加社交活动，新认识了人，如果我回家将他的名字写在这张纸上，我以后不会再见他。

什么样的人我不会再见他第二次呢？把简单的道理往复杂了说、把听得懂的话往听不懂了说的人。这样的人我不会再和他见面。我担心我和他接触受其影响也不知不觉变成这样的人。我希望自己是把听不懂的话往听得懂了说、把复杂的道理往简单了说的人。

世界上的书很多，任何人也不可能看完所有书。我选择书的原则同上，我喜欢看把复杂的道理往简单了说的书，不管多深奥的道理，作者都能用叙述故事的方法阐述，娓娓道来，深入浅出，寓教于乐。我以为"两弄"是书籍的敌人。两弄是卖弄和故弄玄虚。

我们走人生路是用脚走吗？不是。我们要头朝下拿大顶走人生路，换句话说，要用脑子走路。

我们作为人类的一员，要分析人类发展的过程，分析它什么时候发展得快，什么时候发展得慢。如果能找到它发展快的原因，作为人类的一员，我们照着做，就会在和别人竞争时胜出。

我们看看人类的发展过程。从猿变成人可能经历了几百万年的时间，开始是在树上活动，从树上下来以后是四肢着地走路，当他能站起来的时候，又用了极其漫长的时间。

但是奇怪的事情发生了，最近五千年，人类就像坐上了火箭，突飞猛进，发展得非常快，令人瞠目结舌。是什么原因导致人类在最近五千年飞速前进？

因为发明了文字。

有了文字以后，我们就可以记录下来一代一代人对世界的观察，不用每次都重新来一遍了。作为人类的一员，如果你善于阅读，善于使用文字记录你对这个世界的看法，你就会比别人进步快，在和别人竞争时，你就会胜出。

我从1977年开始文学创作，到今天已有40年。有一件事给我印象比较深。我儿时喜欢看的一部童话书是张天翼写的。张天翼的这部童话书对我影响大。

有影响的作家去世以后，人们会把这位作家的所有作品整理出版全集。出版《张天翼童话全集》的时候，出版社邀请我为《张天翼童话全集》写序言。

这件事非常有意思。张天翼是一位很伟大的作家，写了很多优秀的作品。鲁迅去世的时候，在上海举行的葬礼，张天翼是在左前角给鲁迅扶棺材的人。我小时候看张天翼写的书。他离开这个世界后，他的全集的序言是我写的。

有没有这种可能，咱们今天在这里交流，在座的孩子们以后成了非常有成就的人，以后《郑渊洁全集》的序言由在座的一位同学写？

如果有这种可能的话，你们希望这一天早点到来还是晚点到来？你们希望多少年以后给我的作品全集写序言？我听到有人说五百年。如果真到那时候，我的名片上就这么印，正面是：郑渊洁。背面是：千年老妖。

有没有人能活五百年？有。我认识一位活了一千多年的人，昨天我还和他聊天。他叫李白。如果一个人去世之后，世界上还有人记着他，等于他没有死。想长生不老，有一个办法，用你手中的笔，记下你对这个世界的看法，写下千古文章，然后你就能永远不死长生不老了。

世界上的事就这么多，一定要捷足先登，用笔把这件事写下来，打上你的烙印。你们说，这都是大人的事。其实不是。咱们有一位浙江老乡，他7岁的时候，养了一只宠物，他特别喜欢它，他把他的宠物用笔记录下来。他写的那篇文字是：

鹅鹅鹅，曲项向天歌。

白毛浮绿水，红掌拨清波。

（全场数千孩子自发齐声诵读）

表面看，骆宾王儿时豢养的宠物鹅已经离开我们了，实际上它活了一千多岁还健在。当我们今天打开书本的时候，骆宾王笔下的鹅跃然纸上，和我们交朋友。

宁波演讲现场

珍惜时间多阅读，用我们的眼睛观察世界，再用我们的笔写下千古文章，就能成为"千年老妖"长生不老。

我给鲨鱼写过信

2018 年 2 月 6 日郑渊洁在坦桑尼亚"中坦野生动物保护论坛"上的演讲

2016 年 11 月 13 日，我和坦桑尼亚前总统本杰明·姆卡帕有过一次愉快的对话。姆卡帕总统问我对坦桑尼亚有多少了解。

说起坦桑尼亚，我会想到 3 件事。

第一件是坦赞铁路。

郑渊洁和坦桑尼亚前总统本杰明·姆卡帕

第二件是野生动物。我的印象中，坦桑尼亚有很多野生动物，坦桑尼亚重视保护野生动物。我问姆卡帕总统，动物迁徙时，如果坦桑尼亚的动物跑到别的国家去，怎么办？不需要修道墙拦住它们吗？姆卡帕先生说，野生动物不只属于坦桑尼亚，也是属于整个地球的。

第三件是尼雷尔。我小时候，在新闻上见到毛主席和坦桑尼亚总统尼雷尔会面。姆卡帕先生说，他曾经是尼雷尔总统的秘书。

我对姆卡帕先生说，我现在见到年轻人，我会预判他是否有前程。我评判年轻人有没有前程的方法是看他四周是什么人，也就是他经常接触什么人。人是会受身边的人影响的。看来我的这个方法很准，您接触总统，后来您也受影响成为总统。

郑渊洁在坦桑尼亚"中坦野生动物保护论坛"上演讲

其实不光是人会受身边的人影响，野生动物也一样。野生动物身边生活着什么样的人，同样能影响到野生动物的前程。

在我儿子郑亚旗 18 岁之前，我让儿子受到了野生动物般的保护，没有让他单独出过家门。儿子问我什么时候可以自己出去。我说过了 18 岁生日。我认为在孩子 18 岁之前，监护人有责任确保孩子的安全。因为孩子在 18 岁之前不是完全行为能力人。

在儿子 18 岁生日那天，儿子告诉我，他明天要单独出门了。我问儿子，首次单独出门选择去哪里？

儿子说：单独去非洲。

他喜欢摄影，他要单独去非洲拍摄野生动物。

郑亚旗单独一个人去非洲待了一个月，拍摄野生动物。他从非洲回来后，像变了一个人。

首先儿子不吃肉了，改为素食。而且他从此拒绝使用皮革制品。

我问他怎么会有这样的改变？

郑亚旗摄影作品

儿子告诉我，有一天他在非洲原野看见了一头小象，他使用长镜头拍摄这头小象，当他按下快门后，发现镜头里的小象不见了。向导过去查看后，告诉郑亚旗，小象的父母应该是被人类杀害了，小象饿死了。这样的场景对郑亚旗冲击很大，从这天起，他想通过自己的努力，让更多的人加入保护野生动物的行列。

儿子将我的所有和动物有关的故事汇集成六卷本《皮皮鲁的动物王国》，让孩子们从小通过文学作品和动物交朋友。

郑亚旗到世界各地包括海洋潜水拍摄野生动物和海洋生物，他将拍摄的野生动物出版了《郑亚旗摄影集》，让读者通过他的镜头了解野生动物。

儿子去海洋潜水拍摄海洋生物时，我担心鲨鱼吃他。我就给鲨鱼写了一封信，我对鲨鱼说，咱们做个交易，你不要吃我的孩子，我也永远不吃你的孩子，就是鱼翅。从那以后，我再没吃过鱼翅。鲨鱼也是说话算数，鲨鱼也没吃我的孩子。

我在作品里有一句话：从生态平衡的角度看，小草和人类一样重要。

父母的爱让我一个人将《童话大王》月刊写了 30 年

2014 年 12 月 26 日郑渊洁在广州中山大学的演讲

2008 年 12 月 31 日 24 点，北京在鼓楼上敲钟迎新年，这是北京迎新年的一个传统。主办方请我去敲钟。我想可能是因为晚上比较黑，他们想让我的光头去照亮他们。那天特别寒冷，我在鼓楼的院子里等待新年到来的时候，后面有人拍我肩膀，我回头一看，他说："你真的是郑渊洁吗？"我说："嗯。"他说："我从小看你的《童话大王》杂志。"我说："拜托，看上去你比我还老啊。"他叫陈建斌，是著名演员。他会不会因为老演不特别年轻的皇帝把自己演老了？陈建斌告诉我，他小时候在乌鲁木齐长大，那时候他看我的书。那一刻我有种感觉，《童话大王》确实被我写了很多年，最初的小读者已经长大成人了。

现在《童话大王》月刊已走过了 30 年历程，它的总印数已经超过了 2 亿册，总字数超过了 2000 万，全都是我一个人写，我也挺任性的。

1984 年时，我有了一个想法：我想通过写作挣钱，我想改善我家的生活。当时我家住在工厂的筒子楼里，条件很简陋。我就去找连载我作品的杂志主编要求涨稿费，当时是一千字两元钱，我说给我两块一毛就行。主编说不行，因为还有很多作者，如果给你涨了，别人也要涨。

我就想什么情况下，我说给我涨稿费主编不能反驳呢？就是这本杂志所有内容都是我一个人写的。那时我就产生了一个想法：一个人写一本杂志。这样我就可以跟杂志社讨价还价了，如果杂志很受读者欢迎，我就可以要求增加稿费，如果不给我涨稿费，我就可以不写了，由于我是唯一的作者，杂志社只能妥协。有人会说，你郑渊洁只上过 4 年小学，没学过金融没学过理财没学过经济学，你怎么有这种经济头脑？可能因为我的爸爸是山西人，我妈妈是浙江人，我是"钱庄"和"票号"的结合吧。

《童话大王》创刊号

1985 年上半年，《童话大王》杂志创刊了，我是唯一撰稿人。这时候我发现了一个有意思的事。当时我爸妈 50 多岁，我 30 岁。我爸爸最早是部队军校的教员，后来做到了宣传处处长，可能由于不适应官场，他 50 岁出头的时候就没有工作了。我看他每天挺沮丧挺郁闷。但是《童话大王》杂志创刊以后，我发现他像变了个人，每天很高兴。那个时候我用钢笔写作，会有一个问题，正当才思喷涌的时候钢笔突然没有墨水了，挺影响思路。

我一般写一天会灌一次墨水，有一段时间写了一个月都不用灌墨水，就像有魔法一样。我感觉奇怪。有一天晚上我起来去洗手间，我看见爸爸趁深夜悄悄给我的钢笔灌墨水，这个细节让我很感动。

有一天我跟爸爸聊天。他问我："你会一个人把《童话大王》月刊写多少年？"我说："只要你和我妈妈一直健在，我就一直写下去。"他说："只要你一直写下去，我们就一直健在。"我说："老爸，到那时候我给你印名片，正面是郑洪升，反面是千年老妖。"

我一个人能将《童话大王》月刊写 30 年的动力，就是我想用这样的方法让我的爸爸妈妈高兴，高兴了就能长寿。我为什么愿意让他们高兴呢？我爸爸妈妈对我非常好。一个是我出生以后，我爸爸就老当着我面看书，他是军校的哲学教员，但是他只上过几年的私塾，所以他得不断地学习提高。我出生以后看到最多的场景就是他不停地看书和写字，所以我从小就对读书和写作产生了崇拜的心理。我今天看到有一些家长望子成龙，但是他们很少当着孩子面看书。孩子将来不管从事什么工作，但是只要他热爱阅读的话，他就占了很大的便宜，这是一个捷径。

还有一个是我的爸爸妈妈在那样的年代他们从来没有打骂过我，我很感激他们。比如说，"文化大革命"的时候他们带我去河南的农村，那儿有一所学校，老师留了一篇作文《早起的鸟儿有虫子吃》。我变更了老师的题目，变成《早起的虫子被鸟儿吃》，老师就跟我辩论。他说不过我，他就让我当着全班所有的同学的面说几百遍"郑渊洁是全班最没出息的人"，还要当着我喜欢的女生面说。我说了几百遍，后来不想说了，再说就没有尊严了。那个时候我衣服里面正好装了拉炮，我就引爆了。其实那个方位还是挺危险的，因为在课桌底下嘛。我就被学校开除了。我爸爸从来不打骂我，他的一个招数就是让我写检查。因为我知道他早晚会知道我被开除的事，所以我事先就写好了检查。那篇检查人物、情节、铺垫、悬念都有了，他看得都笑了。他说但是你这个学还是要上，他就带着我去学校给老师念这份检查，还让我给老师鞠三个躬。后来我才知道开追悼会才鞠三个躬呢。后来所有老师开了一个会，一致通过了开除我，不能收留我。在回家的路上我爸爸说，没关系，小子，我在家自己教你。

然后我爸爸就在家自己教我，他教的方法比较简单，就是给了我一本《共产党宣言》，他说你用一周时间把它背下来，遇到不认识的字就查字典。其实这本书对我的影响挺大，这本书的第一句话对我就有影响：一个幽灵，共产主义的幽灵在欧洲徘徊。像"幽灵"这种词语一般只在神话、童话、民间传说里出现，所以后来我就写童话了。很多年以后一次我坐火车时看《爱迪生传》，我看到爱迪生在一年级的时候被学校劝退了，他的老师认为他朽木不可雕。他的妈妈带他回家的路上跟他说："没有关系，孩子，我在家里教你。"我当时看到这个情节的时候在车上泪流满面，想起当年我爸也这样对我。

有一次我印象特别深，老师将我妈妈叫到了学校。我觉得水平低的老师才动不动找家长。我妈妈居然跟老师说，只有不合格的老师，没有不合格的学生。老师用异样的眼光看着我妈妈。我的爸爸妈妈会保护我，比如说，我跟邻居的孩子打架，如果我打输了他们就不来告我的状，如果我打赢了他们就来告我的状。我爸爸妈妈从来都说一句话：一个巴掌拍不响。

所以我不管遇到任何事，都在第一时间跟我爸爸妈妈讲。我觉得衡量爸爸妈妈是不是合格，就看一点，你的孩子在成长的过程中，不管他遇到任何事，是不是第一时间跟爸爸妈妈说。如果是，这个爸爸妈妈就是合格的。我碰到这样的爸爸妈妈，我就想要让他们高兴，我要尽可能长时间地把《童话大王》月刊写下去。

这就遇到一个技术问题，需要有时间保障写作，毕竟是一个人写一本月刊。我以前是上午写作，经常会有人有事情来干扰我。所以我就想干脆改成从早上4点半写到早上6点半，写几千字，我一天的写作工作就在早上干完了。这样我从1986年开始到今天，每天都是从早晨4点半写到6点半。白天我是世界上最清闲的人。从这件事上可以看出，开除我的老师是对的，真是早起的鸟儿有虫子吃。老师说的话都是对的。

郑渊洁在广州中山大学演讲

写了这么多年还有一个意外的收获。儿子郑亚旗上小学时，有一次他放学回家问我："郑渊洁，屎是热的好吃吗？""屎"是不是有点儿粗鲁？那天有个人告诉我，屎可以用一个很文明、很绅士的词替代，叫"翔"。郑亚旗问我"翔"可以吃吗？我说什么意思？他说班上有一个同学老迟到，做事拖拖拉拉，老师当着全班同学面对那学生说："你长大吃屎都接不上热的。"当时我就愣了，一个老师怎么能当着全班同学面这样贬一个孩子？让他没有尊严。

我说，郑亚旗，你把课本拿来给我看看。以前我没看过他的教科书，我一看就更愣了，他的课本很多地方是把听得懂的话往听不懂了说，把简单的道理往复杂了说。我觉得真正的教育应该是让孩子获得知识的过程非常快乐。我就说，以后我在家教你吧，反正我白天也没事干。我自从改成早晨写作以后，我的白天就是我两场写作的中场休息。我说我给你编教材。我觉得衡量教育是不是成功，不看这个孩子考多少分，也不看他是不是上了重点学校，就看这个孩子对他所学的这门课的兴趣是越来越大还是越来越小。如果兴趣越来越大，这个教育就成功了。如果他反感了，兴趣越来越小了，不喜欢这门课了，这个教育就是失败的。后来我就用童话的手法给郑亚旗编了 10 本教材，一共 400 万字，全是用故事的方式寓教于乐告诉他知识。他现在已经 32 岁了，这两年他把它们运作出版了。现在这些教材的发行量已经直追我的文学作品了。

现在是《童话大王》30 岁生日，我想借这个机会向所有看过《童话大王》的读者说一句：谢谢。还要说一句：对不起，我挣过你的钱。

好奇心让你一览众山小

2015 年 1 月 4 日郑渊洁在北京《童话大王》
月刊创刊 30 周年纪念会上的演讲

我一个人把《童话大王》月刊写了 30 年，为了纪念这件事情，我进行了两次演讲，第一次是 2014 年 12 月 26 日在广州中山大学。2015 年 1 月 4 日，我在北京最高的建筑国贸三期做第二次演讲。

我恐高，为什么还选择在这么高的地方来做演讲呢？我曾经去过两次黄山，都没有上去，就在山脚下办事，办完了就走了，我恐高。小时候我爸爸妈妈带我去香山玩，走在山路上，我战战兢兢，腿发软。后来我发现世界上有两种山，有一种是自然界的山，一种是人生的山。我想我可不可以不爬自然界的山，而去攀登人生的珠穆朗玛峰。我一个人把《童话大王》月刊写了 30 年，它的总发行量已经逾 2 亿册，将所有《童话大王》杂志摞起来，相当于 60 座珠穆朗玛峰。大家看，恐高的我，攀登了 60 次珠穆朗玛峰。

前几天我在广州演讲时，说了我为什么能一个人将《童话大王》月刊写 30 年，是为了让我爸爸妈妈高兴。问题来了，你可以为了爸爸妈妈高兴，也可以每天清晨四点半坐在写字台前，可是你怎么能保证总是有的写呢？毕竟是一个人写一本月刊 30 年。现在我告诉大家，我一个人写一本月刊 30 年，为什么灵感源源不断。

我在 2 岁前，我醒着时，只要我的爸爸妈妈不抱着我，我就会哭。他们就会哄我。我爸爸是抱着我看书，由此我从小对阅读产生了崇拜心理。我妈妈哄我睡觉时会给我讲睡前故事。她的睡前故事是她自己原创的，是这样一个故事：很多动物在外面玩。长颈鹿先发现发大水了，说不好了，发大水了，咱们快跑。兔子、狮子、老虎等动物赶紧往相反的方向跑。跑着跑着，猴子说，不好了，前面有一条河，我们过不去。大家发现河上有两座桥，一座是像长江大桥那样的很大的阳关大道的桥，另外一座是架在河上的独木桥。我妈妈告诉我，绝大部分动物选择了阳关大道的桥，只有一只羊选择了独木桥。由于走阳关大道桥的动物太多了，这座桥不堪重负，就塌了，这些动物就死了。只有那只羊生存下来了。从我1岁到6岁我妈妈一直给我讲这个故事，讲了这些年。我妈妈还跟我说了一句话：你走你的阳关道，我走我的独木桥，哪儿人多你别去哪儿。在这种教育下，我慢慢长大。我后来知道了，做事情有很多条路，但是人走得最多的那条路往往很难走，因为竞争非常激烈，其实你可以选一条和别人不一样的路，就是独木桥。

郑渊洁和郑亚旗

1984 年的一天，我带着郑亚旗坐火车去太原。我们的对面是一位香港同胞。吃饭的时候，我和亚旗买的是火车上的盒饭，我们看见香港同胞从旅行袋里拿出来一个小圆桶，他撕开圆桶上的纸，拿开水瓶往圆桶里倒开水，再盖上。然后就大吃特吃圆桶里的面条。我和郑亚旗看傻了。

郑亚旗

　　我问那先生："您吃的是什么？"

　　那先生答曰："方便面。"

　　郑亚旗对我说："郑渊洁，我要吃这个。"

　　我问那先生："这方便面是在哪儿买的？"

　　他说从香港带来的。

　　当时我没多少钱，去不了香港。看着郑亚旗眼巴巴的样子，我觉得我这个父亲不称职。孩子有需求，特别是能满足好奇心的需求，作为父亲，应该尽量满足。如果父亲的能力达不到，就应该通过努力达到。当你达到时，你会发现孩子的需求满足了，你的事业也因此提升了。

当时我为 16 家不同的报刊写连载，但是我每月的稿费加起来并不高，因为当时的稿费标准是一千字两块钱。

其中一本连载我的作品的杂志的编辑曾经私下向我透露，该刊物由于连载了我的《魔方大厦》，发行量增加了几十万册。当时我在火车上一边看着香港同胞大吃方便面，一边看着亚旗羡慕的眼光，一边想，我要通过写作多挣钱让自己的孩子吃上方便面，怎么多挣钱呢？既然我的连载作品能带动一本期刊发行量大幅上升，我为什么要和其他作者拿一样的稿费呢？我为什么不可以一千字拿三块钱？

我就去找杂志社的主编，要求提高稿费。

主编说，你怎么能证明我们的发行量上去了跟你的作品有关？如果我给增加了稿费，别的作者也会这样要求。

我不能"出卖"给我提供信息的该刊编辑。我哑口无言。

回到家后我想，只有一个办法能证明是我的作品带动杂志发行量上升：这本杂志只刊登我一个人的作品。那它的发行量上去就跟我是百分之百的关系了，那我就可以跟杂志社讨价还价了。

有了这个想法以后，我还不知道有没有一个人写过一本月刊。我跑去查，一查，没有。我想机会来了。我写作以后有一件事情一直很苦恼，我妈妈告诉我做事别和别人一样，要走别人没有走过的路。可是一千多年以前李白就是写作，现在我也是写作，虽然写的东西不一样，但是本质上都是写作。我怎么能跟他不一样呢？我终于找到了，就是一个人写一本杂志，长时间地写，创造一个世界纪录，没有人这么做。以前小读者想看我的所有作品，要订 16 份报刊，而这些报刊里面绝大部分文章是他们不喜欢看的。现在他们只要订一本杂志就可以看我的全部作品。这样，《童话大王》杂志 1985年就创刊了。

我在广州的演讲里说了，为什么我要把《童话大王》杂志写 30 年。今天我要讲，我怎么把这本杂志一个人写了 30 年。我已经在技术上设定了每天早上 4 点半起床，写到 6 点半，天天如此，时间上已经有保障了，任何事情都不能干扰我。那么有一个问题，你可以坐在桌子前面，但是你有这么多东西可写吗？你的灵感是从哪来的？

我小时候比较爱干的事就是走神。有一次上课的时候，有一只蚂蚁在我的桌子上爬。我觉得非常有意思，我就想我要跟它语言相通就好了。我就拿起笔想：如果这支笔是我的翻译机，能够完成我和蚂蚁之间的交流就好了。越想越有意思。结果老师就发现我走神了。她说："郑渊洁，我刚才问了什么问题？"我们老师发现你走神以后，她不是说你别走神了，她会马上提一个问题，我就回答不出来。后来我知道了走神的时候眼睛不可以看着天花板或者窗外，眼睛要盯着老师的眼睛。

那天老师把我的妈妈叫去了，说你的孩子上课走神。我妈妈就说她小时候也是这样爱走神的。我妈妈站在我这边。那天，在回家的路上，我妈妈给我讲了这样一件事情，她说她小时候在北京上中学，她住在虎坊桥，每天骑自行车到女一中去，要穿过中南海，那个时候是 20 世纪 40 年代，中南海是个街心公园，里面是一片荒草。她在路上的时候就是自己编故事。我妈妈后来给我推荐了《西游记》《堂·吉诃德》这样的读物。她无意中把她儿子的好奇心保留下来了。

实际上，好奇心就是所有事、所有东西你认为你都不知道，比如说我面前这个话筒怎么把我的声音扩大出去，肯定有一条正确的路径通向终极真理。但是还有一条错误的路径，比如我觉得话筒里面藏着一个小人，它不是靠电把声音放大、传送，而是这个小人能够把做报告的人的声音扩大。这个想法科学吗？不科学。但是这种好奇心、这种想象力能够让你搞发明创造，如果你同时还拥有知识的话。

我一个人写《童话大王》杂志 30 年期间，我的好奇心源源不断，不管我看什么都觉得好奇，都能触发我的灵感。

1988 年我准备买汽车了。大家已经看出来，1985 年《童话大王》创刊，已经改变了我的生活。我有一天坐公交车，那个时候北京的大街上一马平川。我就想，如果我能买车，别人是不是也能买车，如果人人都能买车，那北京这么多车怎么走？公共汽车有一个规定：不进站不能开门。我当时坐在公共汽车上想，如果有辆公共汽车因为堵车停住了，车上有的人急着要去上班，有的人急着要去洗手间……大家请示了市领导，市领导说法规是不能破的，公共汽车不进站不能开门，所以这辆车一直在原地停了几十年，孕妇在车上生了孩子，叫车生落芙，车上有懂教育的人，就编了教材教那孩子……由于走神，那趟车我坐过站了。这篇作品叫《飞马牌汽车》，刊登在 1989 年第 1 期的《童话大王》杂志上。这是好奇心导致的一篇作品。

我爸爸告诉我，每天必须吃苹果，必须吃一个鸡蛋，要喝白开水，每天要固定时间大便一次，这些好的习惯都是他传授给我的。1991 年的一天，我吃苹果的时候想，地球是圆的在转，苹果也是圆的，什么东西能把地球折腾得天翻地覆呢？是不是我手中的苹果呢？我想会不会有几个苹果能折腾地球呢？我就越想越觉得好玩。我写了《五个苹果折腾地球》，刊登在1991年第6期的《童话大王》杂志上。在1991年，我竟然写了《五个苹果折腾地球》。

1996年的一天我坐地铁，我坐着坐着突然就好奇了，我想如果一列地铁开着开着就没了，失踪了，从此谁也找不着它了，会出现什么情况？地铁上所有乘客的亲人们会怎么想？怎么跟地铁公司算账？市领导怎么向地铁公司领导问责？我就写了《7801号列车》，刊登在1996年第10期的《童话大王》杂志上。在我的作品里，这列地铁在失去联系一年以后找着了。我的老读者都熟悉这些作品。

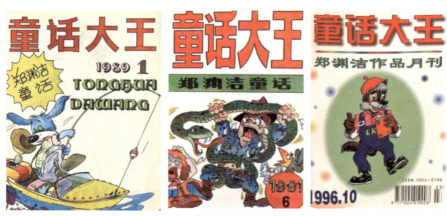

《童话大王》

刚才我说的这三部童话作品的创作动机在30年的《童话大王》里仅是九牛一毛。是好奇心导致我的灵感源源不断。什么样的人有好奇心呢？有一种人肯定不会有好奇心，他认为他无所不知，他说别人脑残。脑残这个词我从来没有说过。我觉得这个词是对我最高的褒奖，因为我的脑子里有好奇心。我们家最高的褒奖就是"你脑子进水了"。

我妈妈对我的教育让我悟出一个道理：教育不是管理，是示范和引导。你要把孩子身上最珍贵的东西给他留下，这个珍贵的东西就是好奇心。有的家长很在意让孩子获得什么，其实，留住孩子身上的什么更重要，比如留住好奇心，留住想象力。

有的家长在孩子没有成年的时候，把孩子当大人对待。等孩子过了18岁以后，他把孩子当小孩对待。这样的家长在教育孩子上做了不是很正确的事情。人有两种年龄，一种是生理年龄，一种是心理年龄。生理年龄我们只能让它按部就班地走，心理年龄最好让它停滞不前甚至倒退，越小越好。我测过心理年龄，我的心理年龄是6岁。你们觉得我夸大了吧？应该是5岁左右。

事情有一个终极真理，它有一个最本质的东西。一种方法是通过正确的道路寻找它，还有一种方法是通过错误的道路寻找它。通过错误的道路寻找它是柳暗花明又一村。如果你把孩子的想象力保存到30岁，你就一定会给成功人士当亲爹亲妈，但是绝大多数人不干，他一定要让孩子小时候显得很成熟，知道很多事情。保留好奇心不妨碍你知道很多正确的事情，但是同时，你容纳这些错误的事情在你脑子里，它就能给你灵感，让你把正确的事情创新，推翻这个领域最后一个权威，你就成为新的权威。

我写《童话大王》月刊写了30年，我很希望我的作品起到一个作用，就是把我的小读者身上的好奇心激发出来。现在有成果了。中国作家榜每年统计中国作家谁的书销得最多、谁的稿费最高。2013年的中国作家榜的榜首叫江南，他当年的稿费收入是2000万元。江南见到我的时候，告诉我，他从小就看《童话大王》，他最喜欢的作品是《闪电闪电》，讲的是皮皮鲁骑着一辆摩托车的故事。2014 年中国作家榜的榜首是张嘉佳，他告诉我他订了 10 年《童话大王》杂志，买了全套的《郑渊洁童话全集》。《童话大王》杂志起码培养了两个中国作家首富，我想他们的好奇心应该是被保留下来了。只有好奇心能让中国制造变成中国创造。

今天我们在北京市目前最高的建筑上，我想说一句话：好奇心能协助你"会当凌绝顶，一览众山小"。

皮皮鲁和鲁西西诞生记

2016 年 1 月 9 日郑渊洁在伦敦的演讲

这是我第一次来伦敦。本来 2012 年 4 月我受邀来伦敦和一位英国作家对话，由于我办理签证时被要求提供银行存款证明等信息，我放弃了那次伦敦之行，我认为那些信息是我的个人隐私，是我的人权。

2012 年 7 月 19 日，英国驻华大使吴思田邀请我到大使官邸和他共进晚餐。他问我为什么 4 月没有去英国。我说我不想让你们看我的银行存款，怕吓着你们。其实是我由于没有签证，所以没去成。

吴思田大使向我介绍大使官邸的花园时，我被蚊子咬了。吴大使对我说，您不会起诉我吧？见我纳闷，吴大使说，大使馆是英国领土，我们英国的蚊子咬了你。我说，我在您的大使官邸使用手机好像不用交国际漫游费吧？

我喜欢和有幽默感的人聊天。

2013 年 12 月 3 日，我应邀和访华的英国首相卡梅伦单独见面时，我对卡梅伦首相说，英国应该简化中国公民的赴英签证，现在的中国和几十年前不一样了，如今的中国人去英国玩，能给英国创造多少就业机会和经济收入啊。卡梅伦首相承诺一定简化签证办理手续。

我这次来伦敦办签证时，除了提供护照，什么都没提供。

那次卡梅伦首相问我，英国的罗琳比我写作晚，但现在罗琳的作品翻译成很多种语言，而我的作品除了中文，鲜见有翻译成外文的。我说，罗琳的作品如果不走出英国，她早饿死了，英国才有多少少年儿童啊。而我们中国有 3 亿 5000 万少年儿童，在这样的国土上写作儿童文学的人，可能无暇顾及将自己的作品译成外文。我现在有 311 种图书出版发行，平均每种书 3 个月重印一次。母语还印不过来呢，确实没时间管外语。

郑渊洁和英国首相卡梅伦

今天看到我在英国有这么多读者，我很高兴。刚才有位读者问我是怎么写出皮皮鲁和鲁西西的。

我第一次写皮皮鲁和鲁西西已经是 20 世纪的事了。

那时我 25 岁。

1976 年至 1988 年，我和父母"两地分居"。我在北京，父母在山西省会太原。这期间的每年春节，我几乎都去太原与父母团聚过节。

1981 年去太原过春节前，我决定利用这次较长的假期写一部中篇童话。

1981 年 2 月 8 日是正月初四。我构思写一部专门给男孩子看的童话，主角是男孩子，其性格顽皮，爱恶作剧，但本性善良，有同情心和正义感。

2 月 10 日上午，我开始给这位男孩子起名。我认为童话人物的名字应该与生活中的人的名字有所区别，应该有滑稽的成分，同时很容易被读者记住。由于他是中国孩子，他的姓氏必须是中国姓氏。我给他起了七八个名字。在 11 点时，我从中选定了"皮皮鲁"。当时中国大陆有位将军叫皮定均，我由此断定"皮"是中国人的姓氏。我对皮皮鲁这个名字很满意，他既是板上钉钉的中国姓氏，全名又与普通中国人的名字有所区别，容易引起孩子们的好奇。我同时为皮皮鲁设计了一位双胞胎妹妹鲁西西。

2 月 10 日下午，我趴在太原市的这张写字台上开始第一次写皮皮鲁。作品名称是《皮皮鲁外传——写给男孩子看的童话》。我写中篇作品有个规律，刚开始写时进度很慢，一般一天只有几百字，越到后边写得越快，一天甚至能写到近两万字。2 月 10 日下午，我只写了数百字。

2 月 11 日，我进入了状态，写了 9000 字。我的写作属于即兴写作，写前虽然也有"构思"，但那构思与作品完成后的故事情节大相径庭。从这天上午起，皮皮鲁开始拽着我走，上天入地，纵横捭阖，直累得我气喘吁吁。

2 月 12 日又写了 9000 字。这时的我已是身不由己，被动地跟着皮皮鲁走。

2 月 13 日，我写了 1 万字还欲罢不能，直至感到恶心，四肢无力才放下笔。

2 月 14 日，我发烧了。服药休息一天，晚上退烧。

2月15日，我完成了《皮皮鲁外传》，共计3万字。

至此，世界上多了一个叫皮皮鲁的人。时至今日，和皮皮鲁、鲁西西有关的书刊印数已经逾3亿册。

2011年2月10日，读者和出版者在北京为皮皮鲁和鲁西西隆重举办了30岁生日庆典。

郑渊洁在英国伦敦

原创能为我们的人生添彩。原创的人，不容易发出"时间都去哪儿了"的感慨。

大前天我参观了哈利·波特故居，1月4日我参观了福尔摩斯故居，太原可以有皮皮鲁故居吗？

对了，请教大家一个问题，为什么伦敦道路旁的人行道上满地是烟蒂啊？

特邀嘉

孩子喜欢上学国家才有前途

2017 年 1 月 14 日郑渊洁在盘古智库的新年演讲

2014 年我和易先生（盘古智库理事长）去美国，在入境时，我们两人都被严格盘查。我被带到小黑屋是因为不会英语。通过检疫关口前，易先生向我传经送宝，他说不管检疫警察怎么问你，你都回答"No"。

那检疫警察用英语问我："您带水果了吗？"

我回答"No"。

他又问我："您确定没带？"

我说"No"。

我看到他的表情有异，知道答错了，好在我有应变能力，幸好我还会另一句英语。

他问我："您可以和我去小黑屋接受手检吗？"

我说："噎死。"

不知为什么会英语的易先生也被盘查，还当众解了裤腰带。11 月 21 日我和易先生造访美国兰德智库时，兰德智库的负责人对易先生的大脑赞赏有加。

由此我恍然大悟，易先生入境美国时遭严格盘查，可能和他的智库级大脑让美国感到恐惧有关。不过我至今想不明白，对大脑恐惧让人家解裤腰带做什么。

郑渊洁

我们知道，同领域的对手才能竞争。如果让篮球队和游泳队同场竞技，谁能取胜，就要看是在篮球场比赛还是在游泳池比赛了。

以上是一个童话作家的童话思维，千万别当真。

刚才我来盘古智库时，使用了导航。结果导航将我误导到了盘古大观。途中竟然经过了我的母校马甸小学，现在改名叫民族小学。我 1955 年出生在石家庄，5 岁时随父母漂到北京。1962 年到了入学年龄，家父想让我上军队子弟的好学校，由于他级别低，我被拒之门外，只能到管片的马甸小学就读。马甸小学要求学生上学时带个篮子捡学院东路上的马粪交给贫下中农，学院东路现在改名叫北三环中路，当时那路上跑的马车比汽车多。我们的校舍是废弃的庙。在这样一所条件如此之差的小学，没想到我三生有幸，碰到了好老师，她的名字叫赵俐，我一至四年级的班主任。迄今我只上过这 4 年学。

2014 年 10 月 30 日，郑渊洁应邀到美国驻华大使官邸和美国驻华大使博卡斯共进晚餐

上小学二年级的一天，赵俐老师说今天我教你们写作文，我出一道作文题，下课之前，你们根据这个题目写一篇文章。她出的题目是"我长大了干什么"。赵老师引导我们，她说如果你们想将来有出息，小时候就要有理想，可以写长大了当科学家，当工程师，当人民警察，当盘古智库的智囊。

这是我人生写的第一篇文章。由于家母是有性格的人，她从我小时候就告诉我做事别和别人一样，"你走你的阳关道，我走我的独木桥"是她的口头语。我想通过这次写作文验证妈妈告诉我的道理对不对，我决定选择其他同学不会写的职业写这篇作文。下课铃响时，我人生的第一篇文章写完了，题目是《我长大了当淘粪工》。

一个半月后的一节课上，赵俐老师叫我站到讲台旁，她说，郑渊洁，你写的你长大了当淘粪工的作文被老师推荐到学校的《优秀作文选》上刊登了，你现在免费领两本，其他同学每人买一本。就在那一刻，我产生了一个错觉：在这个世界上，我郑渊洁写文章写得最好，谁也写不过我。这肯定是错觉，但如果没有这个错觉，我今天肯定不会靠写作谋生。老师向我颁发《优秀作文选》时，是当着我喜欢的女生的面，最高级别的自尊滋养。

从那以后，只要赵俐老师留作文题，我写完都是范文。我甚至在上体育课时想，体育老师，你为什么不留作文题呢？

我在数学方面运气不佳。第一次上数学课我就被数学老师叫站起来，数学老师问我，郑渊洁，谁告诉你4加4等于9？我觉得我第一次演算数学非常接近标准答案啊。老师不但不表扬我，还当着我喜欢的女生挖苦我。

从此我就从怕数学老师发展到怕上数学课。越怕越听不懂，越听不懂考试成绩越差，考试成绩越差数学老师越不喜欢我。如果您的孩子哪门课成绩不好，原因真的不在孩子，原因在教这门课的老师。因为老师不欣赏您的孩子，导致孩子不欣赏这门课。学不会不是学的人笨，是教的人笨。衡量教育是否成功，就看受教育者对所学的这门课的兴趣是越来越大还是越来越小。

我今天能成为作家站在这儿演讲，和马甸小学的赵俐老师有直接关系。

我的儿子郑亚旗1990年上小学时，我为他择校到北京一所重点小学。这是我至今抱憾的决定。郑亚旗碰到了不合格的班主任老师。这位重点小学的班主任可以当着全班同学贬斥一位学生：你长大吃屎都接不上热的。

我后来不得不将郑亚旗领回家自己教。

爷爷郑洪升在郑渊洁在家教郑亚旗的家庭教室里检查孙子的作业

课间休息时爷爷和孙子下棋

我没有择师的本事。再好的学校，也有差老师。再差的学校，也有好老师。你能择校，你能择师吗？

千万不要以为外国老师都是好老师。我的孙女的经历告诉我真的不是那样。

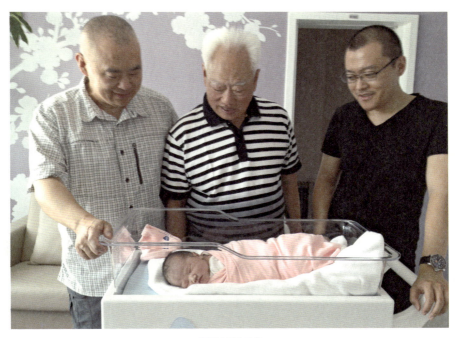

郑渊洁祖孙四代

我孙女上了一所号称是北京最好的幼儿园——小班年收费 20 万元的国际幼儿园。英籍班主任一天也不提醒孩子喝一口水，导致全班孩子轮流发烧。我向那英国教师提出应该提醒孩子喝水后，那英国教师从此不再搭理我孙女，导致原本乐意去幼儿园的孙女抵制去幼儿园。上幼儿园 3 个月后，我们就给孙女退了园，从此不再上幼儿园。

评判幼儿园优劣的方法有三个：第一，孩子是否愿意去；第二，孩子去幼儿园后是否经常生病；第三，孩子上幼儿园后是否有可喜的变化。

希望盘古智库在教育方面多为决策者支招儿，出台有效的改善教师队伍的决策。江山易改，本性难移，靠培训没有用。正确的方法是，让适合当教师的人进入教师队伍,为不适合当教师的人调整工作,去做适合的工作,比如监狱管理人员。

看一个国家有没有前途,就看这个国家的孩子是不是真心喜欢上学。

传媒人生需要创新

2009 年 10 月 27 日郑渊洁在中国传媒大学的演讲

这是我第二次应邀到中国传媒大学演讲，上一次是 2005 年。我应邀到大学演讲有个自己定的规则，去演讲过的大学，不会再去第二次。我在传媒大学第一次演讲没有遇到喝倒彩，我有成就感。我不懂见好就收，接到邀请就又来了。希望今天我还有好运。

北京奥运会结束后，除了鸟巢等宏伟建筑，最让北京人想起奥运会的，大概要算汽车限行了。巧妙利用汽车限行外出，能最大程度节省时间，还能从中悟出人生哲理。

北京未实行汽车限行时，我外出办事特别是赴约都会提前很长时间出发，以此对付北京的交通梗塞。北京实行汽车按牌照尾号限行政策后，我赴约不再提前外出，而且从不迟到。

由于北京车主可以自选汽车牌照号码，所以北京牌照尾数是 8 的汽车数量大大高于尾号为其他数字的车辆。这无可厚非，连国家举办奥运会都要定在大吉大利的 8 月 8 日晚上 8 点 8 分开幕，普通百姓让自己的汽车也姓 8 当然也在情理之中。于是，北京在禁止尾号为 8 的汽车上路那天，交通状况出奇得好，限 8 那天一路畅通。我发现这个现象后，和朋友约会只定在限 8 那天，不用提前出门，从不迟到。

对于车主来说，牌照尾号是8，心旷神怡。然而作为有车族，在一路畅通那天不能上路行驶，在众多8摩肩接踵时才能汇入粥状蜗行缓流，不是堵心的事？

几乎可以说，所有人都想获得人生成功，所有家长都想让自己的孩子成功。成功有没有秘诀？人生成功的秘诀就是独辟蹊径，与众不同。从众心理是妨碍人生成功的拦路虎，创新的基础是和别人不一样。

我小时候睡觉前，我妈妈给我讲睡前故事，是她原创的一个关于独木桥的故事。这个故事用今天的话说就是做事别和别人一样，要有自己的特点，要与众不同独辟蹊径。我小时候，我妈妈跟我说得最多的一句话就是：你走你的阳关道，我走我的独木桥。她还告诉我哪儿人多别去哪儿，人多的地方不安全。在这样的教育下长大的我，"和别人不一样"就成为我的行为准则。

很多家长有了孩子后，把所有的希望都寄托在孩子身上。而我有了孩子后，把所有的希望都寄托在自己身上。我在1983年有了孩子郑亚旗，那时我是只有小学四年级学历的草根，没有名气和成就。看到自己的孩子出生了，我就把所有的希望都寄托在自己身上。我认为，合格的家长的标志是：把为家族创造荣耀的重担自己挑，给孩子构建一个轻松惬意的人生。不合格的家长的标志是：把为家族创造荣耀的重担让孩子挑，自己则不思进取。于是，从孩子出生起，我就开始玩命通过写作奋斗人生，在孩子两岁时创办了古今中外没有的一个人写一本月刊先例的《童话大王》杂志，直到今天24年了还在发行。我这样做，一方面是给孩子做榜样，让他目睹父亲如何通过正当劳动将一贫如洗的家变得富有。身教的作用不可估量，家庭教育不是管理，而是示范和引导。另一方面，父辈为家族创造了荣耀，孩子的人生压力大幅降低。

郑渊洁和孙女郑在

有家长对我说，你郑渊洁可以无视孩子的考试成绩和文凭，因为你是成功人士。我说，我生孩子时和你一样是草根，而且学历肯定比你低。是孩子的出生给了我压力，导致我发奋努力。有了孩子自己不努力的家长属于错失良机，把所有希望都寄托在孩子身上给孩子施加巨大压力属于错上加错一错再错。

有年轻朋友问我成功的秘诀。我告诉他们，在法律允许的范围里，尽量早生孩子，由此尽早开始你的人生奋斗历程。没有孩子时，你可以尽情玩，有了孩子，你一定要让孩子目睹父母白手起家创造辉煌的全过程，这才是真正的教育。到头来，你会发现一箭双雕：你成了，孩子也成了。听说现在的大学生也可以结婚生孩子了，这可能是激励大学生奋斗人生一个有效的办法。

除了遵守法律，还要尽可能与众不同。只有如此，才能创造人生的奇迹。

如今在某些小学中有这样一个现象：掰尖。其含义是，教师将班上最与众不同的那个学生教乖，将其"驯化"成绵羊，从此逆来顺受唯唯诺诺。于是，有特点、有个性的"冒尖"学生被掰掉尖，终生只会人云亦云，不能进行创造性劳动。

几十年前，一个叫高锟的小男孩喜欢化学，家里成了他的实验室。高锟曾经在家里用红磷粉混合氯酸钾，再用湿泥包装成小炸弹，从窗户里扔出去，爆炸成功。事发之后，家长和老师只是告诉他这样做很危险，今后不可以将炸弹引爆，但是都支持他继续做实验。本月6日，高锟获得了诺贝尔物理学奖。

某些学校教育通过掰尖使得多少孩子终生与创新失之交臂，一生只能重复前人发明的知识。

都选8，你不选，你的路就宽了：限8那天一路畅通。只有与众不同，才能创新。只有创新，才能让人生更精彩。在座的朋友可能会和传媒打一辈子交道。传媒人生需要创新，创新才能事半功倍。

河南故事

2015 年 12 月 2 日郑渊洁在河南省遂平县第一中学的演讲

我给各位学弟学妹讲讲我和河南的故事。

我上一次来遂平县是 46 年前。

1969 年我 14 岁。当时我在北京生活。一天父母下班后，我察觉他们神情不对。很多父母认为孩子小，不明事理，他们当着孩子说话时，以为孩子听不懂或不在意。其实，孩子是明察秋毫的。我认为"洞察一切"这个词是专为孩子创造的。

河南省遂平县第一中学演讲现场

那天爸爸妈妈下班回到家里，我看到他们很快进入房间里窃窃私语，我后来才得知我们家后天就要从北京搬到河南去。

就这样，我随父母到了河南省遂平县，当时的部队番号是九三八部队"五七干校"。

我先是在"五七干校"的子弟学校就读，后来因为写《早起的虫子被鸟吃》的作文同老师起了争执，被开除了。我爸爸郑洪升在家教我。后来我又到了咱们这所中学借读，当时叫红旗中学。于是我和在座的同学成了"校友"。

这是我和河南的第一个故事。

我同河南的第二个故事是这样的：

1977 年我开始发表诗作。1978 年，我决定写童话。我的第一篇童话作品是童话诗《壁虎和蝙蝠》。

我当时还在工厂当工人。我到工厂的阅览室看到有一本儿童刊物叫《向阳花》。我就将我的第一篇儿童文学作品《壁虎和蝙蝠》投给了位于郑州的河南人民出版社《向阳花》杂志。

《向阳花》编辑于友先看了我的来稿后，认为可以发表，他破例手书满满一页纸的采用通知信寄给我。我的第一篇童话作品《壁虎和蝙蝠》在河南《向阳花》杂志发表。我由此获得自信，写童话到今天。2011 年在皮皮鲁 30 岁生日庆典上，新闻出版署前署长于友先和我紧紧拥抱，我们感慨万千热泪盈眶。我和于友先成为中国改革开放时期文学出版界的缩影：于友先从一本儿童杂志的普通编辑成为共和国新闻出版署署长，我从工人成为作家。

第三个故事：

1993 年 6 月 6 日，我在郑州亚细亚商场签售皮皮鲁图书长达 6 小时。当年的发行数据显示，1985 年创刊的《童话大王》杂志在河南的发行量位于全国前列，其他位于前列的省份是江苏、广东、山东、浙江、湖北和四川。

我在郑州亚细亚商城签售快结束时，一位小学二年级女生问我，长大可否到皮皮鲁的爸爸身边工作。

由于当时我的助理没有会外语的，一贯对孩子鼓励的我，就在皮皮鲁图书的扉页上写下：学好英语，长大到我这里当英语助理。

受此鼓励，本来学习成绩一般的这位孩子考上郑州十一中，再考上广东外语外贸大学。现在她已经给我当了 10 多年助理。2013 年 12 月 3 日，英国首相卡梅伦访华单独会见我时，就是这位郑州籍助理为我和卡梅伦首相的交谈担任翻译。被英国媒体称为"卡梅伦首相就任以来最开怀大笑"的那张照片，就是这位助理拍摄的。

郑渊洁和英国首相卡梅伦

第四个故事：

20世纪90年代初，郑州有一档非常受欢迎的少儿广播节目《小铃铛》，主持人叫陶真。陶真喜欢皮皮鲁的故事，就在节目中长期连续播送皮皮鲁的故事。但是没有我的授权，属于侵权。我的律师致函节目组后，陶真在第一时间联系我真诚致歉。我授权该节目无偿连播皮皮鲁的故事，并亲自到郑州播音室和小读者互动。陶真后来获全国金话筒奖。

第五个故事：

郑州交警杨华民小时读我的作品，当他成为全国警界英模到北京人民大会堂领奖时，希望见到我。后来我和杨华民成为朋友。2014年6月1日，我到郑州和杨华民一起参加河南人民广播电台私家车999频道举办的面向少年儿童的直播节目，向孩子们普及交通安全常识。

第六个故事是一件闹心事：

2004年，郑州"皮皮鲁西餐厅"未经我授权，违反《中华人民共和国商标法》第十条第七款、《中华人民共和国反不正当竞争法》第五条第二款，恶意抢注第3302660号皮皮鲁商标，成为我在河南唯一的闹心事。这些年，经常有读者问我，说郑州那家"皮皮鲁西餐厅"是你开的吗？

我认为，真正有前途的企业，都崇尚原创，尊重知识产权，不会窃取他人劳动果实。

希望在座的学弟学妹延续我和河南的故事。

环游世界，我最关注的建筑是"巴斯若母"

2016 年 7 月 9 日郑渊洁在哥伦比亚的演讲

我对哥伦比亚首都波哥大印象特好。原因是波哥大的公共厕所不收费。风景再好的地方，如果卫生间收费，我就给那里打零分。我的爷爷郑锦云和姥爷刘润甫都是医生。我从小就被长辈告知多喝水对身体有益，还被告知憋尿对肾脏不好。从小养成的爱喝水和有尿意立即去厕所的习惯很难改变。朋友都知道，见我时，我的手上总会有一瓶水，以及爱去卫生间。

　　我一个人将《童话大王》月刊已经写了 31 年。我认为，这得益于我爱喝水、不憋尿。我还认为，因为喝水，多去卫生间，能少去医院。后来我看到这样一个信息，更认为我的写作得益于爱喝水：伦敦大学国王学院精神病研究所马修·肯普顿教授经过长期研究发现，喝水少的人，脑变小。水喝得不够，大脑灰质会缩小，增加思考的难度。在缺水的情况下，大脑灰质处理相同信息时必须加倍工作。

　　在座的很多朋友小时候看我的书，现在趁年轻在异国他乡奋斗人生。我觉得健康很重要。如果患病，会影响进度。奋斗人生的道路上，有一个地方是不能去的，就是医院。去了医院，可能会遭遇过度治疗。过度治疗会戕害生命。我一位朋友的父亲是离休老干部，享受公费医疗。由于居住在外地，朋友将父亲送到北京最好的医院住院治病，由于医疗关系在外地，治疗费需要自己先垫上，再报销。如此，医生下药很拘谨。住院一年多后，领导来看望老干部，领导问有什么困难，家属说报销医药费不方便。领导批示医药费直接转账。第二天医生就给老干部上了数万元一支的好药。一个月后，老干部辞世。我认为这可能是过度治疗的结果。所以说，我们不能去医院，这个主动权，掌握在我们自己手里。

以我的经验，常喝白开水，常小便，能少去或不去医院。

在家多喝水不憋尿易如反掌，外出去陌生地方，多喝水可以做到，由于不熟悉卫生间的方位，不憋尿有难度。我环游世界，最关注的建筑是"巴斯若母"（bathroom）。

给大家讲讲我在美国上"巴斯若母"的故事。2014年4月16日，我应邀去美国见证新浪微博在纳斯达克上市。这次美国行，对于我，最大的挑战是找厕所。不懂英语的我，赴美前只反复学了一句英语："巴斯若母"。事实证明，"巴斯若母"确实帮助了我，但有三次例外。我在美国憋了三次尿。

4月16日，我从北京乘坐美国联合航空公司UA88航班前往纽约。

登机时，一位50岁左右的女性空乘根据我展示的机票引导我落座，她还帮助我给行李找栖息处。起飞几小时后，我认为我再不去洗手间就憋尿了，于是我起身去卫生间。当我接近卫生间时，引导我落座并多次给我饮用水的那位空乘拦住了我。她说了一句英语，我听不懂。我说："巴斯若母。"她知道我听不懂她的话，她冲我摆手，指我身后。我不知道她什么意思，如果我知道她认为我不是商务舱的乘客无权使用商务舱卫生间，我出示机票即可。遗憾的是我不知道，而且我认定她知道我的座位。我以为是卫生间出了问题现在不能使用。这时她使用肢体语言让我转身向后走。我服从，转身前往经济舱卫生间。当我走到商务舱和经济舱接壤处时，一条较粗的绳子将两个舱分割开，我无法解除这条绳子，迈过去和钻过去我认为都不雅。我转过身看她，她站在原地依然指我身后。后来知道，曾经引导我落座的她认为我不是商务舱的乘客，无权使用商务舱卫生间。她的失误判断是否因为我不会英语而坐商务舱的乘客大都会英语？不知道。我是她负责照料辖区内的乘客，她对我看走眼，应该是缘于我不会英语，而坐商务舱的乘客大都会英语。僵持了一会儿后，从商务舱的卫生间出来一位乘客，我就判断她不让我使用卫生间是因为里面有人，我再次走向商务舱卫生间，她再次阻止我。这时，我身边的粉衣外籍女士看不下去了，主动向空乘证明我坐在她身边的座位。这时，我的会英语的坐在经济舱的助理发现了问题，过来向空乘证明我拥有使用商务舱卫生间的权利并让我出示机票，我才得以解除憋尿。

郑渊洁在飞机上

196

分析这次在飞机上被阻止使用卫生间的遭遇，我觉得根本原因是我不会英语。一句"巴斯若母"不足以保证我能顺利如厕。在这班飞机上，只有一位空乘会简单的汉语，而乘客大多数是中国人。不知美联航其他班次的乘客中中国人的比例。如果不会英语，去美国最好乘坐中国航班。我还认为会英语也应该首选中国航班：中国航空公司飞美国的飞机，年轻力壮；而美国航空公司飞中国的飞机，可能老迈年高。

　　第二次被阻止上厕所是在纳斯达克。4月17日，新浪微博在纽约纳斯达克上市。

郑渊洁在纳斯达克见证新浪微博上市

　　上市活动结束后，我去一层卫生间，被一男性白人阻止。我说"巴斯若母"，他还是不让我去卫生间。听旁边的人翻译说，他认为活动已经结束，我不能再使用卫生间了。如果非要使用，需要从侧门离开纳斯达克，再从正门进来。我正不知如何缓解憋尿时，负责接待这次活动的旅行社的孙小姐过来义正词严用英语"痛斥"了一顿那阻止我入厕的人，然后她对我说："郑老师，别理他，人还没离开呢，怎么就不能使用卫生间了？您去！"只见她挡住那人，让我前往卫生间。那人只好对我放行。此时的孙小姐在我眼中俨然巾帼英雄，壮我国威。我得以如厕。事后反思，为何那人"欺负"我而宽容孙小姐？我大概还是吃了不懂英语的亏。

第三次被拒入厕是在华盛顿距离白宫不到一公里的一家星巴克。我知道星巴克有卫生间，进去才发现卫生间锁着。助理问了服务员，服务员说只有消费了才能使用卫生间。我们消费后，服务员给我一个筐子，筐子上挂着一把厕所的门钥匙。我得以方便。

那次在美国，我发现博物馆的厕所比较方便，于是我就能坐在椅子上静静看画。一边欣赏一边大口喝水，大频率如厕。

那次在美国我有两次成功使用"巴斯若母"的经历，值得自豪。一次是在华尔街，我对警察说"巴斯若母"，警察为我指引方向。

郑渊洁

另一次是在白宫门前的一个示威帐篷旁，我对帐篷当时的抗议值守人说"巴斯若母"，他指引我到达"彼岸"。

旅游城市应该为游客准备充足和方便的卫生间，这是最实际、最人性的尽地主之谊。千万不要"有朋自远方来，不亦内急乎"。我认为能够帮助别人解决内急是一个人高素质的体现。能够帮助外地（国）人解决内急是超高素质的体现。

多喝水，别憋尿，是保持身体健康的一个有效方法。

这次来哥伦比亚之前，行前我向女儿请教英语的矿泉水怎么说。我被告知是"沃特"。我用联想法记忆，我想起沃特·迪士尼。就这么记住了。在飞机上，当外国空姐推着小车问我喝什么时，我说："迪士尼。"她一脸茫然。

我已经去过世界上的五大洲。我最喜欢三个地方：中国西藏米林、南美哥伦比亚和非洲科特迪瓦。

郑渊洁

皮 皮 鲁 讲 堂

家庭教育决定孩子一生

2017 年 4 月 8 日郑渊洁在北京皮皮鲁讲堂面对家长的演讲

我以前不会用手机支付。我和女儿郑亚飞一起坐出租车的时候，我看见女儿用手机一扫就付款了，很是羡慕。我感到手机支付解决了携带零钱的麻烦，特别适合小额支付。

　　我就向女儿提出学习使用手机支付。女儿手把手教给我。我学会了使用手机支付，就是像狙击手那样瞄准对方的二维码，然后扫射，钱就过去了。我学会后，有事没事就站在街边打巡游出租车，获得当狙击手扫射别人的机会。我乘坐出租车成功用手机付款三次以后，有了小疑惑，为什么每次的车费不管里程多少都是 103.9 元呢？

　　我回家问女儿，难道现在北京的出租车不管跑多远都是固定的价格吗？女儿说，不可能。我说，为什么我每次付款都是 103.9 元呢？后来才知道，我是把出租车收音机屏幕上的广播电台频率当出租车车费支付了。

　　我们掌握了一种本事，如果使用不当，可能会造成损失。为人父母者，如果以为自己教育孩子的本事与生俱来，天生就是教育家，很可能误了孩子的前程。家庭教育决定孩子的一生。

　　在物价长了翅膀的时代，人们梦想保值，于是把目光投在了收藏上。有人收藏邮票，有人收藏古董，有人收藏字画。我也收藏，我收藏读者来信和名人小时候的签名。

咱们开动一下想象力，如果有人收藏了一个本子，上面有爱因斯坦 7 岁时的签名，牛顿 6 岁时的签名，居里夫人 8 岁时的签名，这些签名都在一个本上，你说这个人是不是可以天天躺在床上什么都不用干了？这个本子价值连城啊。

我有 n 个《未来名人签名簿》，专门收藏未成年人的签名。我租了一家银行位于地下 n 层的一个固若金汤的保险柜，专门存放我收藏的《未来名人签名簿》。我觉得钥匙和密码是不保险的，所以这个保险柜我是用指纹开启。我想，如果坏人想偷这些《未来名人签名簿》，可能会打我的手的主意。所以我留的是脚的趾纹。有一次我去保险柜拿《未来名人签名簿》，一位银行的工作人员跟着我。我一脱袜子，我的余光就看见这位工作人员用手捂了下鼻子。后来我每次去开保险柜放新的《未来名人签名簿》时，都会先洗脚换新袜子。

我在皮皮鲁讲堂跟孩子们接触时，会让孩子们在《未来名人签名簿》上给我留一个签名。等孩子们将来有了成就后，我就拍卖这些签名。

2016 年，华为邀请我去西班牙的巴塞罗那通信展。我顺道去了毕加索故居。在毕加索故居，我看到毕加索说，他在 20 岁时画的画已达到意大利文艺复兴大师级水平，可他到 60 岁时才画到 5 岁孩子的水平。

很多画家活着的时候穷困潦倒，去世之后画才升值，比如梵·高。可是毕加索活着的时候画就能卖出很高的价钱。有记者问他成功的原因，毕加索说这是他终身向儿童学习的结果。

我们所有人从妈妈肚子里生出来之后，我们身上有一种特别可贵的东西，大家一样多，这个东西是想象力。爱因斯坦说过，想象力比知识重要。

如果没有想象力和好奇心，你的知识再丰富，也不能进行创造发明，你一辈子只能给你从事的这个领域的最后一个权威打一辈子工、当一辈子奴隶，只能重复前人的知识。

什么人才能进行发明创造呢？有想象力和好奇心的人。我们从妈妈肚子里出生时，携带的想象力是一样多的，谁也不比谁多，谁也不比谁少。后来想象力去哪儿了呢？随着我们学习的知识越来越多，我们会觉得之前童稚时期对事情的解释是胡思乱想，我们就会抛弃它，成为一个科学的人。这没错。可是如果一个人只信科学，没有任何胡思乱想，是不能进行发明创造的。传说牛顿坐在一棵苹果树下，突然一个苹果从树上掉下来，砸在牛顿头上。如果牛顿是一个精力非常集中的人，我觉得他会把这个苹果吃了。但是牛顿胡思乱想了，他想这个苹果为什么往下掉不往上掉呢？他一直想，然后万有引力定律就姓牛了。如果在座的各位想，为什么这个苹果不横着飞出去，那么下一个物理学的伟大发现可能就姓你的姓了。但是大家不会这么想，因为没有想象力了。据说10万个人里只有1个人能留住想象力和好奇心，只有这1个人能进行发明和创造，剩下的99999个人不能。

问题就来了，他们的想象力是从哪儿来的？为什么这十万分之一的人由于有想象力能当大师，而我们没有想象力？其实，所有的人从出生那一刻起，他身上的想象力都是世界上最丰富的。德国一位哲学家说过，推理力薄弱的人想象力丰富。因为他没有知识，他见到所有的事都只能用他的想象给出解释，用一个他以前见过的事给出解释。这就是想象力。胡思乱想好像是贬义词，其实，想象力大都是通过胡思乱想表现的。可怕的事情发生了，随着人的年龄的增大，想象力就跟他拜拜了。没有想象力的人是不能进行任何创造发明的，反正你要想创造出一个世界上本来没有的东西是不可能的。绝大部分人的想象力为什么离开他呢？

爱因斯坦这种人为什么少呢？因为在老师告诉他矿泉水的科学原理的时候，他在如获至宝的同时依然顽固地认为矿泉水是矿泉水树的果实。他们这种人的脑子是由两部分构成的，一部分装知识，另一部分装想象力。但是这群人里面有一个人，老师怎么告诉他矿泉水的科学原理，他就是顽固地认为矿泉水是矿泉水树结出的果实。老师把他的家长叫来。这个人上了一个月小学就被开除了，他的名字叫爱迪生。他后来有 1000 多项发明。

作为父母，我们要做的一件重要的事是留住孩子的好奇心和想象力，如果您希望自己的孩子能发明创造的话。

孩子上学实际上是用学到的知识建造一艘船，你获得的知识越多，记得越牢，这艘知识的船就建造得越大，越坚固，等我们长大成人后就能驾驶它去远航，体现人生价值。

想象力是什么呢？是水。没有水，您的这艘船寸步难行。世界上有没有人傻到花很多钱、用很多年的时间建造一艘不能开的船？我找到一个，叫慈禧太后，她当年花我们祖先的银子，在颐和园的昆明湖里造了一艘用石头做的船，叫石舫，是摆在那儿看着玩儿的。而她同时代的那些西方国家领导人，比利时的、西班牙的、葡萄牙的、英国的、法国的，他们花钱造真船，甚至造军舰，还开到咱们这里来了。那船上的乘客是不用花钱买船票的，他们的名字叫八国联军，开到咱们这儿欺负咱们来了。因为人家的钱花在造真船上，咱们的钱用来造假船。

其实所有的孩子从上学的第一天开始，他是带着满脑子的想象力来学校的。能不能在孩子刚上学的时候，给他脑子里的想象力上一把锁，让他既有水又有船？如果只有想象力的水，没有知识的船，你也不能体现人生价值，你不能像菲尔普斯那样游着泳跟别人的船比吧？

孩子在上学前，只有想象力没有知识。上学后，随着获得的知识越来越多，绝大多数人的想象力会驾鹤西去。刚才说了，没有想象力和好奇心，知识再多，也不能进行发明创造。很多爸爸妈妈是这样的人。

我们的爸爸妈妈有了孩子后，获得了天上掉馅饼的重新找回想象力和好奇心的机会，因为你家里，你的身边平添了一个想象力的核反应堆，孩子的想象力能影响到父母，让父母成为又有知识又有想象力的创造型人才。毕加索说的他成功的秘诀是向儿童学习，就是这个意思。父母有了孩子，其意义是上天恩赐给你一个想象力的免费导师。父母生了孩子，最大的收获是通过孩子把失去的好奇心和想象力找回来。

遗憾的是很多家长没有意识到，他们甚至想，我有了孩子以后"我要教育他""我是他的老师"……那你真的是抱着金碗要饭。你好不容易有一个找回好奇心和想象力的机会，你毅然放弃了，你们两口子加上爷爷奶奶姥爷姥姥还要联手把孩子的好奇心和想象力扼杀掉，让孩子当一个知识非常丰富非常渊博的人，但是一辈子不能进行创造发明。

从上皮皮鲁讲堂开始，孩子们会陆续发生变化，希望爸爸妈妈能配合这个变化，别再给我们拧回去。

我有一个儿子和一个女儿。由于儿子郑亚旗不适应学校教育，我将他领回家自己教。我给郑亚旗编写了10部郑氏教育故事体家庭教材：道德篇

《罗克为什么不是狼心狗肺》、安全自救篇《皮皮鲁送你100条命》、法制篇《皮皮鲁和419宗罪》、写作篇《舒克送你一支神来笔》、创新和怀疑篇《脚踏实地目空一切的贝塔》、哲学篇《鲁西西和苏格拉底对话录》、性知识篇《你从哪里来，我的朋友》、史地和艺术篇《309暗室之木门》、金融篇《皮皮鲁的点铁成金术》和数理化篇《五角飞碟折腾数理化世界》。郑亚旗长大后，将10部郑氏教育故事体家庭教材出版了。

郑渊洁编写的 10 部故事体家庭教材

郑亚旗从 2005 年起接手营销运作我的书，他将我的图书的销量从每年 100 万册翻几番到 2000 万册。郑亚旗将我变成了富一代。

女儿郑亚飞出生后，我因为有 10 部郑氏教育故事体家庭教材做后盾，对女儿说，你不用上学，我在家用郑氏教育教材教你。没想到女儿因此逆反。孩子身上有很多优点，其中比较显著的一个是逆反心理，你说东，他偏要往西，这是一个天大的优点。我们要呵护这个优点。如果你生了孩子，你说东他就往东，那他还是孩子吗？相当于你直接生了个成年人。

由于我告诉女儿可以不上学，逆反心理的作用，她就成为全中国最向往上学的孩子，拦都拦不住。她从小玩的游戏大都和考试上学有关。我的孩子基本上没上幼儿园。

我认为上幼儿园有点儿像古代的裹小脚。人有自然属性和社会属性，上学后，孩子的社会属性会得到培养。在上学前，孩子的自然属性应该得到充分滋养，比如全方位获得来自亲人的爱。如果孩子3岁开始上幼儿园或者接受所谓的"学前教育"，等于中断了孩子的自然属性生长环境，提前进入社会属性环境。我参观过华为的手机生产线，其中一个环节是"老化"。

什么是"老化"？电器产品在问世的最初几十个小时容易出现故障，如果最初的这几十个小时不出现故障，之后就不容易出现故障了。于是在手机的生产线上就设置了"老化"关卡，利用科技手段让新手机迅速度过这最初的几十个小时，类似于"天上一日，地上一年"，加速老化它。在"老化"时出了故障的手机，就被淘汰了，没有出现故障的手机，安然度过了危险期，成为金刚不坏之身，通过老化检验顺利出厂。大家有没有觉得学前教育包括幼儿园很像手机生产线上的"老化"程序？学前教育其实就是老化教育，提前剥夺孩子的童真，老化孩子。您可能说，这不是挺好吗？问题在于，孩子是人，不是物件，不是电器。如果拿对电器的方法对待孩子，很残酷，也达不到最佳教育的效果。

我的女儿不上幼儿园，我每天在家陪她玩儿。她5岁的时候，有一天她说，她非常喜欢妖怪，觉得妖怪非常可爱。她问我，世界上有妖怪吗？我说，有妖怪。她说，你能带我去看看妖怪吗？我带她到一所幼儿园墙外，隔着铁栏杆我指着里面的幼儿园老师说，那就是"妖怪"。我女儿说，我想和妖怪玩儿。没办法，我只好给她报了个幼儿园，我跟幼儿园说，我们每天只来 2 个小时，不在你们这里吃饭，费用照交。这样我女儿就去了幼儿园 2 个月。女儿到了上学的年龄时，她要上学。

我儿子上过北京的重点小学，一天他放学回来问我，郑渊洁，屎是热的好吃吗？我一愣，问什么意思？郑亚旗说，有位同学迟到了，老师说这位迟到的同学"你长大吃屎都接不上热的"。这个老师是全国优秀班主任。我问，老师是单独对那位同学说的还是当着全班同学的面说的？他说当着全班同学说的。我觉得赞美人当着人越多越好，因为人性的本质是渴望欣赏。但是批评要单独，不可以当着其他人的面。

因为这件事我对重点小学有恐惧心理了。我是一个接受教训的人。我没有让女儿上位于北京城中心的户口所在地管片的重点小学，而是择校去了北京远郊山区的小学。那所学校说既然是择校，就要收择校费。我舍弃户口管片的重点小学，择校去了山区的小学，交了择校费。那所学校的老师和同学都朴实，很好。女儿在这所小学上了一段时间。一次我开家长会时发现学校的厕所是旱厕，我觉得女孩子使用的卫生间是旱厕不太好，由于山区学校卫生间设施的原因，我将女儿转学到城里的九年制义务教育小学就读。小学五年级时，她碰到不尽如人意的班主任。我又将女儿转学到北京一所国际学校就读。

女儿成了超级学霸，是全校十二年级唯一的全额奖学金获得者，奖学金总额高达 40 万元。2017 年，她被美国 6 所名牌大学同时录取。我从女儿上小学第一天起，为女儿写教育日记，记录如何将女儿培养成学霸及其中的心得体会和经验，一直记录到今天。

通过将女儿培养成超级学霸，我的感受是，在孩子的学习成绩上，家长比老师重要。孩子学习成绩差，主要原因不在老师，在家长。

将孩子培养成学霸，我有很多感受。今天由于时间关系，以后有机会再和大家分享。

我认识一些成功人士，在交往时，我会观察他们。我发现人生竞争开始是竞争家庭、相貌、智商、学历、把握机会的能力等，但是竞争到最后，我发现竞争的一定是道德品质。如果一个人道德品质不行，人生的最后一个台阶肯定上不去，一定前功尽弃、功亏一篑。对孩子最重要的教育，是道德品质教育。

养成好习惯也非常重要。我妈妈是浙江绍兴人，我爸爸是山西临汾人，他们的爸爸，也就是我的姥爷和爷爷，都是医生。所以我们家有很强的养生意识。好的习惯有什么呢？比如每天固定时间大便一次。这个好习惯会让孩子受益终身。我的一个小读者长大了，他现在是医生，肠癌专家，他告诉我，得直肠癌的人中，两天以上大便一次的人比较多。如果让你现在手里拿着粪便，你肯定不干。但是如果你肚子里有粪便，你就不在意。你肚子里的粪便是挨着你的肠壁的，如果不是每天大便一次，你肚子里的粪便就会腐蚀肠壁，时间长了，这个地方就可能发生癌变。所以一定要让孩子养成每天大便一次的好习惯。

我们知道，买房子不要挨着化粪池。我们在家上厕所用的是抽水马桶，上完厕所用水一冲，粪便去哪儿了？化粪池。有时候我们家里反味。这是因为物业应该一个月租一辆抽粪车把化粪池里的粪便抽出来，卖给农民当肥料种出绿色食品。但是有的物业公司为了省钱，可能好几个月没租车抽化粪池，里面的粪便越来越多，最后家里就反味了。如果你不每天大便一次，是不是就把自己变成化粪池了？有时候嘴里有味，以为是没刷牙，其实不是，那是化粪池的反味。现在信息特别多，很多信息到我们的大脑里，我们把有用的信息留下，没用的信息就要排除掉。如果不排除掉，就把脑子变成化粪池了，这更可怕了。

作为父母，要通过身教给孩子演示如何留下有用的信息，抛弃没用的信息，不让大脑成为化粪池。

刚才说了，我爸爸和妈妈是中医的后代，1949年前他们就参加中国解放军了。我爸爸郑洪升上过3年私塾。后来，中国解放军成立了军校，要找一些认字的解放军当教员。我爸爸就到石家庄高级步兵学校当教员。我出生时，我家住一间7平方米的平房，房间里只有一张炕。我们吃饭、睡觉，我爸爸看书、写字都在这张炕上。

这对我是一个天大的好处，因为我没有和爸爸妈妈分开的房间，所以我睁开眼睛就能看到爸爸在干什么。我爸爸有压力，以他的文化水平教别人3个月就该别人教他了。他只能拼命地备课，他要看书。

我来到这个世界上看到最多的场景，就是我爸爸在小炕桌上读书写字。我再长大些，我爸爸就抱着我看书。由此，我从小就对读书和写字有崇拜心理。孩子的模仿能力非常强大，强大到让任何奥斯卡影帝影后望尘莫及。我爸爸由于房子小，只能当着孩子看书写字，愣是把孩子看成了作家。

我们家到现在还有一个规矩：不准当着比自己岁数小的人看手机。我孙女4岁，我女儿18岁，她们和我在一个房间时，我不会看手机。当着孩子，多看书。我儿子 34 岁，我见了他都不拿手机。我爸我妈说，你就欺负我们老两口。我只当着我爸我妈的面看手机，他们 80 多岁了。

我们家三个孩子，我还有一个弟弟和一个妹妹。那么问题来了，你爸当着你看书写字把你看成作家了，你的弟弟妹妹现在都是作家吗？我爸爸除了看书写字还喜欢动物，我们小时候他养了两只鸽子。我爷爷和姥爷是中医，我们家里经常会说养生的话题。我弟弟叫郑毅洁，是信鸽大王，他鸽子养得特别好，一枚鸽子蛋就能售出上万元。我妹妹是中药药剂师。不同的孩子会各取所需，但是会八九不离十，除非他又认识更厉害的亲戚或朋友，从中受影响。家庭影响特别重要。

幼年的郑渊洁和父母

教育孩子第一是身教。家长什么都不用说，你说的所有话孩子都逆反。

身教是什么呢？只要孩子从学校回来，你就不能轻举妄动了。你说的每一句话、做的每一件事，都要想想，如果你真希望孩子有出息的话，不是为了管孩子过瘾。有些爸爸妈妈生孩子是为了管孩子过瘾，不管孩子怎样都要说孩子两句。比如孩子穿多了会说，你穿这么多会捂出病的。孩子穿少了，又会说，你穿这么少会感冒的。孩子怎样都不行。我觉得教育孩子就是闭上你的嘴，抬起你的腿，走你的人生路演示给孩子看。这是最见效的方式。我爸爸就是这样做的。

我妈妈是浙江绍兴人，特别有个性。我从小不爱睡觉，要让我妈妈抱着。后来我妈妈抱不动我了，说我给你讲睡前故事吧。我妈妈就给我讲一个她自己原创的故事：

很多动物在外面玩，长颈鹿突然说，不好了，发大水了。动物们说，怎么办？长颈鹿说，那边有一座山，咱们跑到山上去，洪水就冲不到咱们了。老虎、狮子、大象们就拼命跑。跑着跑着，猴子说，不好了，前面有一条很宽很深的河，咱们过不去了。动物们正急，老虎说，河上有两座桥。一座是长江大桥那样坚固有护栏的阳关大道的桥，还有一座是一根木头架在河面上的独木桥。绝大部分动物发现那个阳关大道的桥很安全，它们都走阳关大道的桥。只有一只羊觉得那座桥上走的动物太多了太挤了，它就选择了独木桥。(我是属羊的，我妈妈就拿我编排。)

阳关大道的桥走的动物太多了，不堪重负就塌了，这些动物都被河水冲走了。只有那只羊由于选择了独木桥，得以逃生，继续生存。

我妈妈没完没了地给我讲这个故事，用今天的话说就是做事别和别人一样，要有自己的特点，要与众不同独辟蹊径。除了这个故事，我妈妈跟我说得最多的一句话就是：你走你的阳关道，我走我的独木桥。她还告诉我哪儿人多别去哪儿，人多的地方不安全。在这样的教育下长大的我，"和别人不一样"就成为我的行为准则。

　　20 世纪 60 年代初，中国解放军总政治部到石家庄高级步兵学校挑能讲课和能写的人。石家庄高级步兵学校的校长说，我们这儿的小郑特别能写，讲政治课能让下面的学员从头笑到尾。

　　于是我爸爸就调到了北京的总政治部，我们全家就迁京了。我从 5 岁开始北漂。1962 年我上小学，我爸居然俗了一回，想让我上部队的一所重点学校。但那所重点学校只收校官的孩子，我爸当时是大尉，级别不够，那学校就把我拒之门外了。

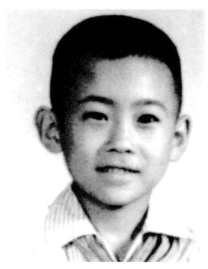

儿时的郑渊洁

我爸当时特别没面子。我记得那学校门口有一条河，我们回家等公共汽车的时候，我爸把一个挺大的石头踢到河里去了。他的肢体语言告诉我，他觉得他很失败，因为我的邻居家的小伙伴都上了这所重点小学。我爸说，那就上管片的马甸小学吧。

前几年，这所重点小学邀请我去讲课。我在电话里问校长，你们学校门口是不是有条河？校长说，你怎么知道？你来过我们学校？我说，来过，1962年，当时你们不要我。校长向我道歉。我说，我要感谢你们，因为在马甸小学我碰上好老师了。

其实，老师比学校重要。再好的学校也有差老师，再差的学校也有好老师。碰上好老师跟买彩票中奖的概率差不多。我在马甸小学碰上好老师了，她叫赵俐，是教语文的。

马甸小学非常简陋，当时是农村的小学，要求学生每天上学除了书包之外还要拿个篮子。那时学校门口的路不叫北三环中路，叫学院东路，路上跑得最多的不是汽车而是马车。马跑着跑着会随地大小便，正好附近的农民需要粪便种粮食，于是就让我们这些学生在上学的路上给他们捡马粪。学校门口有一张桌子，还有一个秤，会称每个学生捡了多少马粪。谁捡的马粪多老师就会给谁贴一朵小红花。我有一次在路上看见一堆马粪，还有两个高年级的学生也看见了这堆马粪，我们就抢马粪。我摔倒了，我急中生智把帽子摘下来扣到马粪上。

我就是上了这样的一所小学。上到小学二年级的时候，有一天赵老师说，今天教你们写作文。她出了一道题目，她让我们在下课铃响之前根据这个题目组织出一篇文章。她出的题目叫"我长大了干什么"。

赵老师引导我们说，你们长大了想有出息吗？我们说特想。她说从小如果有远大理想，长大了就能有出息，你们这篇作文要写长大了当科学家、工程师、艺术家……所有有头有脸的职业她都说了。

我拿起笔正准备写的时候，想起我妈妈给我讲的独木桥的故事，她讲了这么多年，但我没有机会实践，我要通过这次写作文和别的同学不一样一回。如果成功了，这辈子别人走什么路，我就不跟在他们后面走，我要走我自己的路。他们的脑子想什么事，我不重复他们的思想，我要发明我自己的思想。他们的嘴说什么话，我不像鹦鹉和八哥那样克隆他们的话，不把我的声带变成他们的子公司，我要发明我自己的语言风格。

下课铃响的时候，我的那篇作文就写完了交上去了，它的题目是《我长大了当淘粪工》。其实也没什么可笑的，我小时候国家宣传一个劳动模范，就是淘大粪的，叫时传祥，国家主席都不嫌他脏，满大街都贴着国家主席和他握手的照片。那时候我是时传祥的粉丝。

但是尽管这样，这篇作文交上去，我的心里还是有点儿不安，我怕老师说我跟她捣乱。因为无论如何，当淘粪工和远大理想不能完全画等号。过了一个多月，我都忘了这件事了。有一天上课的时候，赵老师说，郑渊洁你站起来。我上课的时候有个好习惯，就是爱走神。所有的科学发现都是通过走神完成的。走神是另一种精神高度集中，是一种联想，是触类旁通。爱因斯坦骑自行车的时候走神了，他想为什么两边的东西都往后走。据说相对论的萌芽就是这么产生的。我一走神，老师就能发现，她看出来后就马上出一道题目考我。我如果回答不出，她就挺生气的，让我站一会儿。后来我发现，走神时眼睛不能看窗外或天花板，要盯着赵老师的眼睛。那次我正盯着赵老师的眼睛走神，她又把我叫起来了。我想这招儿也不灵了，穿帮了。

赵老师说，郑渊洁你上来。我就一步一步地蹭上去了。她说，你转过来面对大家。我就特紧张地转过身去。

赵老师说，郑渊洁，你上个月写的那篇你长大了当淘粪工的作文……当时我就不太服气，我想，我作文的题目是"我长大了当淘粪工"，不管谁念都应该是"我长大了当淘粪工"，赵老师念的却是"你长大了当淘粪工"。

赵老师继续说，郑渊洁你的这篇作文，老师认为与众不同，很有新意，老师给你推荐到学校的《优秀作文选》上发表了。赵老师说，你现在可以免费领两本，其他同学每人花一毛八分钱买一本。

马甸小学在 1963 年油印了一本定期编辑的《优秀作文选》，刊登学生的作文，用来鼓励学生对写作文的兴趣。在刊登我的作文之前，这本《优秀作文选》只刊登高年级同学的作文，四年级以下同学的作文从来没刊登过。我是二年级的学生，第一次写作文就被选上了。从那一刻起，我就产生了一个错觉：在这个世界上，我郑渊洁写文章写得最好，谁也写不过我。这肯定是错觉。但如果没有这个错觉，今天我不可能作为作家站在这里。我在我的作品里有一句话："鼓励能把白痴变成天才。"

我自己有了孩子以后，我就知道教育孩子最正确的方法是，发现孩子身上的长处，告诉他，你什么地方行。最错误的方法是，发现孩子身上的短处，告诉他你什么地方不行。

刚才说了，教育孩子要身教。从孩子回家的那一刻起，父母就要当演员。演员有两种，演技派演员和本色演员。如果你希望你的孩子和你一样有出息，你就当本色演员。如果你希望孩子比你有出息，你就得当演技派演员。比如孩子一回家，你就要拿起一本书看。不出一个星期，孩子就会找你要书看。阅读很重要。犹太人非常少，但他们掌握着世界 30% 以上的财富。犹太人有三个特点：阅读、租房、团队。阅读是一件很占便宜的事，成本非常低，足不出户就能和全世界的智者交流。

比如家长老告诉孩子要孝顺，说是没有用的。你说，你长大了挣的钱给不给我们？妈妈为了你都辞职了，要不然早就当 CEO 了。你要让孩子孝顺，只有一个最有效的方法，就是你当着孩子孝顺你的爸爸妈妈。

我在 1986 年出过一次国，我此后为了写《童话大王》月刊几十年没再出国。那时候我们的经济还不太好，这 30 年的变化太大了，让人都不敢相信，当时中国商店都没有卖电视的。那个时候出国有两个指标，一个大件一个小件，大件指标可以买一台冰箱或电视，小件可以买一台电子琴或微波炉。我就买了一台电视机。那时也没有车，我就向朋友借了一辆单位的车拉电视。

郑渊洁、郑洪升、郑在

218

我的儿子郑亚旗是 1983 年出生的，当时他 3 岁，我带着他去买电视。汽车走着走着，他发现不对了，郑亚旗是管我叫名字的，这是我要求的。郑亚旗说："郑渊洁，咱们去哪儿？"我说："去你爷爷奶奶家。"他说："去干什么？"我说："把电视给他们拉去。"以前的电视都是圆角的，我那次买的电视是直角的，而且我买完以后我对卖电视的说，电视质量不好，你们的电视都没装好，东西掉下来了。卖电视的一看，他说那叫遥控器。郑亚旗说："为什么不拉到咱们家去？"我告诉他："理论上，爷爷奶奶不会活得比咱们长，所以将来咱们看……"但是当时你就是杀了我也说不出背投、纯平这些名词，我就说，"将来咱们看原子弹电视的机会都有。"

　　过了几天，我给郑亚旗买了对虾。当时对虾很少见，也很贵。我们在家里吃饭。郑亚旗吃完他那只对虾后，我就说："郑亚旗，我吃对虾过敏，你吃吧。"郑亚旗以前见过我吃虾，所以他知道不是过敏，他就说："郑渊洁你吃吧，将来我吃原子弹虾的机会都有。"我觉得这个孝顺教育就成功了。

　　我觉得衡量爸爸妈妈是不是合格，就看一点，你的孩子在成长的过程中，不管他遇到任何事，是不是第一时间跟爸爸妈妈说。如果是，这个爸爸妈妈就是合格的。要想成为合格的爸爸妈妈，你必须取得孩子的信任。我非常信任我的父母。我现在都 60 多岁了，遇到任何事还会在第一时间和爸爸妈妈说。我的爸爸妈妈是如何做到让自己的孩子如此信任他们呢？有一件事我印象特别深。上小学时，一次老师将我妈妈叫到了学校。我觉得水平低的老师才动不动找家长。我妈妈居然跟老师说，只有不合格的老师，没有不合格的学生。老师用异样的眼光看着我妈妈。我的爸爸妈妈会保护我，比如说有邻居投诉我跟他们的孩子打架，如果我打输了他们就不来投诉我，如果我打赢了他们就来投诉我。我爸爸妈妈从来都说一句话：一个巴掌拍不响。所以我不管遇到任何事，我都在第一时间跟我爸爸妈妈讲。

家庭教育决定孩子的一生。父母是孩子最重要的老师。最有效的家庭教育是身教。父母教育孩子，什么都不要说，就是做给孩子看。我的儿子郑亚旗出生时，我是住在筒子楼里的工人。我就想，我当着孩子通过写作将一穷二白的家变得富有，让他目睹这个过程。这样一举两得、一箭双雕：我的人生成功了，孩子也受到了最好的身教。

我现在去大学演讲时会动员大学生早生孩子早为人父母，如此就有了奋斗人生的动力。当然，如果生了孩子就想着怎么将孩子送进所谓好的幼儿园、好的小学，而家长自己不思进取，这孩子就白生了。

郑渊洁和父母在一起

优秀家长的标志：把为家族创造荣耀的重担自己挑，给孩子构建一个轻松惬意的人生。不合格家长的标志：把为家族创造荣耀的重担让孩子挑，自己则不思进取。

最准确形容家庭教育的一句古训是：有意栽花花不发，无心插柳柳成荫。

养成健康好习惯

我从 1978 年开始写童话，到 1985 年时，我已经写了 7 年。皮皮鲁、鲁西西、舒克和贝塔都问世了。这期间，我的童话都是刊登在报刊上。每期报刊，都刊登不同作者的作品。我的作品，也是和别人的作品混登在报刊上。当时国家正在改革，改革的一个项目，是废除吃大锅饭。

　　所谓大锅饭，顾名思义，就是所有人不管干多干少都在一口锅里吃同样的饭。吃大锅饭不利于调动人的积极性，反而会豢养人的惰性。因为干多干少干好干坏都吃一样的饭。我感觉不同作者的作品混登在一份报刊上也是吃大锅饭。写得差的作者"剥削"了写得好的作者。

　　于是我就想，如果有一家期刊，只刊登我一个人的作品，对于我，就摆脱了在写作上吃大锅饭。受改革大潮的影响，我产生了这样的想法。

　　1985 年 5 月 10 日，只刊登我一个人作品的《童话大王》杂志创刊。当时我决定一个人将《童话大王》杂志写至少 30 年。

　　一个人写一本月刊 30 年，意味着我每天都要写作。这需要我有健康的身体，需要我 30 年不能生病。如果我生病，依然要写作，而患病的人状态不好，身体状态不好时写作，会直接影响作品的质量。

　　1985 年 5 月《童话大王》杂志创刊时，我十分清楚一件事：在这 30 年中，我一天病都不能生。如果生病，受损的是我和读者。我如果带病写作，第一我会很痛苦，第二个受损的是读者，带病写出的作品可能质量差。

我已经做到了在我一个人写作《童话大王》月刊的30年中，没有生过病。在这30年中，我每天在健康的身体的支持下，写作《童话大王》月刊。由我一个人作品支撑的《童话大王》月刊30年出刊400多期，累计发行量超过两亿册。相比一个人写作一本月刊30年这个奇迹，我认为一个人30年不生病也是奇迹。

儿时的郑渊洁

我是怎么做到的呢？这要感谢我的父母和他们的父辈。

我的祖父和外祖父都是中医。外祖父还是名医。他们在我父母小时候，就让我父母养成了有利于身体健康的好习惯。这些好习惯，能预防疫病。

我的外祖父说，最好的医生是能让人不生病的医生。而不生病，全靠好的生活习惯。

我出生后，我的爸爸妈妈让我从小养成了好的生活习惯，比如每天固定时间大便一次。

每天固定时间大便一次非常重要，比学英语重要。我看到有的爸爸妈妈对孩子的学习成绩特别看重，甚至超过孩子每天固定时间大便一次。我就认为这是本末倒置。

每天固定时间大便一次的人，比好几天才大便一次的人，患直肠癌的概率低很多。

我小时候，就在父母的身教下，养成了不停小口喝白水的习惯。我只喝白开水，任何饮料都不喝。我的外祖父告诉我，不停小口喝水，就不会感冒。他还说，不能憋尿。如果喝了水不憋尿，随时去小便，喝的就是灵丹妙药；如果喝了水憋尿，喝的就是毒药。

经常见我的人都知道，我手里永远有个水瓶。我不停地小口喝水，不停地去洗手间。把病毒都尿出去了。白开水像警车，进入身体后，抓住坏人，送进马桶。

早睡早起也是我们家的祖传生活习惯。我写《童话大王》月刊 30 多年，每天晚上 8 点半睡觉。清晨 4 点半起床写作到 6 点半。清晨没有社会活动，没人打扰，万籁俱寂。

我认为人身上最重要的器官是大脑。我们进食，要挑大脑喜欢的食物，换句话说就是要吃对大脑有好处的食物。不吃或少吃大脑不喜欢的食物。什么是大脑喜欢的食物呢？我的亲身体会是，白肉，比如海鱼，还有坚果、蔬菜。我只吃橄榄油和亚麻籽油，不吃花生油。大脑最害怕的食物是糖。我不吃甜食，不吃蛋糕，不吃冷饮，从来不碰碳酸饮料。

我吃白水煮鸡蛋，吃牛油果。

我认为我能一个人将《童话大王》月刊写了30多年，这些食物劳苦功高。

我吃饭时，先吃几口菜，再吃肉，再吃菜，我管这叫菜包肉。这样吃，能减缓进食时血糖升高的速度，有利于保护心脏。

吃早饭特别重要。一定要吃早饭。我不吃加工过的食物，比如香肠。我尽量不在外面用餐。我去哪儿都不吃丸子。为什么？

我的一位小读者长大后，开了一家餐馆。我有时会到他的餐馆坐坐。一次，正逢他检验采购的鲜肉。我就向他请教最好的肉用来做什么菜。他说猪排牛排。我又问最差的肉用来做什么。他说丸子。

一块一块的肉端上餐桌，必须经得起食客的检验。只有丸子这种混杂在一起的肉才可以滥竽充数鱼龙混杂。

1992年，美国书评家盖瑞·威尔斯问美国总统克林顿，除了《圣经》，哪本书对克林顿影响最大。克林顿回答是《沉思录》。听说很多人的枕边书也是《沉思录》。《沉思录》的作者是古罗马皇帝马可·奥勒留。奥勒留的《沉思录》这样开篇："从我的曾祖父那里，我懂得了不要时常出入公共学校，而是在家要有好的老师。"在家里单独学习是当"牛排"，到了公共学校，就是当"丸子"了。为什么？在公共学校，所有学生获得的知识是完全一样的。知识结构完全一样，是灾难。

个性差异是人类得以进步的基础。千人一面、你中有我、我中有你导致停滞不前。老虎都是一只一只的，豺狼才是一群一群的。

"和别人不一样"是所有杰出人物的特征。

李嘉诚买股票的一个秘诀是：大多数人买什么，他就不买；大多数人不买什么，他就买。

经营人生也是这个道理，成功者都是独辟蹊径，失败者都是随波逐流。

不要当丸子，因为你不是最差的肉。

适当运动也对健康有利。如果运动，一定要在运动前脱外衣，运动结束时马上穿上外衣。如果运动前不脱外衣，运动完了感觉热再脱衣服，就容易感冒。我外祖父告诉我，别小看感冒，对身体伤害大，会导致其他疾病。我写过一部作品叫《病菌集中营》。我认为感冒的本质是疾病的平台，感冒在你的身体里给各种疾病搭建了一个平台。我们要像防大病一样防感冒。

通常我们说"饭前便后洗手"，但我觉得便前洗手更重要。我们手上有很多病菌，如果在上厕所之前洗手，会减少很多传染疾病。去卫生间时第一件事是洗手，洗完手后再去上厕所。便前便后都要洗手。

我写了2000万字的作品，一根烟都没抽过。我希望我的读者在一生中都不要抽烟。还要远离二手烟。除了烟以外，还有一种东西大家也要警惕，就是毒品。公安部禁毒局委托我写过一部告诉青少年远离毒品的作品。由于我从未抽过烟，平时在生活中也没见过吸毒的人，我提出去北京戒毒所接触吸毒人员。我在戒毒所认识了很多正在戒毒的青少年，问起他们是怎么染上毒瘾的。绝大部分孩子说，第一次吸毒都是朋友趁他不注意下的毒。他们的朋友吸毒，但是吸到后来钱吸光了，没钱买毒品，就发展朋友也吸毒，然后从中赚钱。那些孩子还告诉我，打开过的瓶装水千万不能喝，那里有可能会被人放入毒品。

保持口腔卫生也很重要。我每次吃完饭都刷牙。如果没有条件，就漱口。还要使用牙线清除牙缝儿里的隐藏物。不要用牙签。刷牙的方法很重要，目前最科学的刷牙方法是巴氏刷牙法。大家可以上网搜索巴氏刷牙法，刷牙龈和牙齿之间的缝隙很重要。

我3岁的时候，有一天我妈妈要去看牙，家里没人照顾我，她就带我去了牙科诊所。我坐在牙科诊所里没事干，那时也没游戏机。我看见我妈特痛苦，医生拿着器械钻她的牙。

我问那位医生："你能不能告诉我一个方法，让我这辈子永远不来你这儿看牙，不受这个罪？"

"小伙子……"那天之前没人管我叫小伙子，我才3岁。医生说，"小伙子，你听我一句话，你就永远不会来牙科诊所。早晨和晚上刷牙不是特别重要，重要的是每次吃完饭10分钟内马上刷牙。因为10分钟后，你嘴里食物的残渣余孽就发酵了，腐蚀你的牙齿和牙龈。如果没有条件刷牙，可以使劲漱口。"

知道了这个方法，我的牙一直很好。

我给大家讲一个我和牙齿的故事。

20世纪末的一天，儿子郑亚旗对我说："郑渊洁，我牙疼。"

我就带郑亚旗到口腔医院看牙。去了以后，医生说郑亚旗牙龈发炎，需要治疗。我在外面等着。等的时候百无聊赖。我看见旁边有一张桌子，桌子上摆着好多书。我一翻，全是这个医院出的口腔保健的书。我就买了一本，坐在医院看。我一看，愣了。书上说美国人一年洗两次牙。我就自言自语，难怪好莱坞电影里美国人说话那么脏，原来他们一年才刷两次牙。

旁边的护士听见了，她说，先生，你理解错了，洗牙和刷牙不是一回事。洗牙需要用器械，把牙垢清除掉。我当时40多岁，没有洗过一次牙。我说，那我怎么办？护士说，反正你的孩子在看牙，洗牙很快，你利用这段时间去洗一下牙吧。我就到洗牙科让医生给我洗牙。洗完以后，医生说，先生，你有一颗牙必须拔除。我仰天大笑，我说你看看，全世界最好的牙就在你面前。我是一天刷5次牙的人。医生说，你有一颗智齿必须拔除。我说，什么是智齿？医生说，从中间的门牙往两边数，第8颗是智齿。

郑渊洁和郑亚旗

老百姓管智齿叫立世牙，人从十八九岁开始长智齿。我们的祖先吃生肉时需要智齿，随着我们发明了熟食，就不需要智齿了，有点儿像阑尾和扁桃体等，还没有被淘汰。

我说这牙不疼不痒与我相安无事，拔它干什么？医生说，它会摩擦你的口腔黏膜，已经磨白了。他拿镜子给我看。他说再发展下去就是口腔癌。我说那你赶快给我拔了。医生说，拔牙要到拔牙科，要预约。预约完我就回家了，一个星期后我去拔那颗智齿。那一周我天天拿着镜子照。我不敢吃饭了，天天吃面条喝粥，用另一侧牙咀嚼。

终于到了拔智齿那天了。我就上了我的一辆汽车，发动。奇怪的事情发生了，打不着火，而这是一辆刚买的新车，不可能打不着火。试了很多次，都打不着火。

大家可能看过我写的一部作品，叫《活车》。在我眼里，所有的东西都是有生命的，我还写过《活楼》。我在北京驾驶汽车会走神儿，我会和汽车聊天。

有一天，我的汽车对我说："快追。"

我问汽车："追什么？"

汽车说前面那辆车是它哥。我说，什么意思？它说是早于它离开生产线的那辆汽车。我问多长时间没有见过了。它说 3 年，你已经买了我 3 年了。我就追。前面红灯，结果它哥停住了，弟弟没停住，追尾了。

我是北京公安交通管理局的警风监督员，一次我对交警说："你们的交通规则上只有开车不能打手机的规定，没有开车不能和自己汽车聊天的规定。开车和汽车聊天更危险。"

交警说："有啊。"

我说："不可能。"

他就把《北京市道路交通管理条例》翻开了，指着一行字说："就在这儿。"

我一看，还真是。那行字是这么写的：精神病患者不能驾车。

我的这辆车打不着火，我认为它是不想让我今天出行。我想，一定有什么灾难。突然我大冬天出了一身冷汗。我想我今天是干什么呢？拔牙。我为什么要拔牙？拔智齿。汽车为什么用打不着火的方式阻止我去拔智齿呢？

我突然一激灵。各位，智啊，智慧的智。我想老祖宗给我们全身的器官命名时一定是有依据的，不合理的命名随着千百年的大浪淘沙已经被淘汰了。我们身上有哪种器官以"智"命名呢？我们这么聪明的大脑叫智脑吗？我们这么重要的心脏叫智心吗？智肠子、智肝、智肺、智脚丫子？都没有。全身上下只有这颗牙叫智齿。我原来以为我会写东西是因为我老看书，喜欢阅读。我想世界上还有很多事没被人类发现。如果全被人类发现了，我们就不用上学了。我们上学的目的就是推翻上一个领域最大的权威，把他打翻在地，我们成为新的权威。我郑渊洁能写这么多作品，是不是因为我长了一颗文学智齿导致的？智齿可能分好多类，有文学智齿、数学智齿、美术智齿……人之所以成功，就是因为长了这些智齿。如果真是这样，我吃饱了饭没事干，把它拔了，从此我们家就揭不开锅了。我越想越害怕，就退着走出车库。

郑亚旗问我："郑渊洁，你没去拔牙？"

我说："没去。"

他问为什么。我就把我关于智齿的想法告诉他。你们猜郑亚旗说什么？

他说你一定要去拔。

我说："我要去了，以后写不出东西，没了稿费收入。稿费是咱们家唯一的收入。我以后还拿什么买对你最有用的电脑游戏啊！"

郑亚旗说："不是。要是你拔了智齿之后真写不出来了，咱们可以申请专利，很快就能发明人工的智齿，叫义齿。有人工文学智齿、数学智齿。只要给人安上，这个人就不用上学了。像你这样连英语 26 个字母都不会的人，安上英语智齿后，就会说英语了。咱们开一家专门给人安装智齿的诊所，一颗英语智齿最少也值 20 万元。这样比你写书能挣更多的钱。"

还真是。很靠谱的想法。

郑亚旗说："有没有这种可能，如果这事是真的，全国有很多家长，会带着孩子来把他们的满嘴好牙全拔下来，让咱们给他们的孩子安装数学智齿、外语智齿、写作智齿等等等等。"

我说有可能会有家长这么干。我越想越兴奋，就换了另一辆汽车去口腔医院拔智齿。拔完之后你们猜我还能写出来吗？还能。说明这个想法目前还不是科学。我们的成就可能和智齿没有太大的关系。但是这件事给了我灵感，我写了一部长篇小说叫《智齿》。

从医学角度，智齿应该拔除。

我 1955 年出生，但是我的实际年龄是 168 岁。我没有算错。表面看，一天 24 小时，一年 365 天，每个人都是一样的。但有些人能把 1 个小时变成 5 个小时。善于利用时间也是一个有益于健康的好习惯。对于孩子来说，最重要的事是玩。如果玩的时候老想着作业，是玩不好的。

要想提高做事的效率，我觉得应该把这天必须要做的事集中精力先做完，剩下的时间就可以玩了。会用时间等于你比别人多活很多年。如果你做的事情别人三辈子都做不完，等于你比别人多活了三辈子。

养成健康好习惯会让我们一辈子受益，会让我们活得比别人长、活得健康。一旦我们生病进了医院，你就成了医院的摇钱树，会给你做各种检查，这些检查本身可能就有损健康，比如辐射。我觉得别的事我们说话算数不算数不重要，健康一定要自己说了算。

身体健康，是最聪明的理财。在医疗资源稀缺的年代如此，在过度治疗的年代更是如此，养成好的生活习惯，能让身体健康。疾病是可以预防的。

很多孩子希望快点儿长大。什么人算长大了？会照顾自己不生病的人。有的人8岁就会照顾自己，常喝白开水、吃早饭、不憋尿、正确刷牙……他已经长大。有的人28岁还不会照顾自己，老生病，老感冒，他依然没长大。

我的一天

2017 年 3 月 26 日郑渊洁在北京皮皮鲁讲堂的演讲

不少人喜欢管别人，比如父母管孩子，老师管学生，上司管下属。

我也喜欢"管"。但我不喜欢管人，我喜欢管时间。换句话说，管理时间。现在我又喜欢上了管自己的体重。

常有人问我，你郑渊洁一个人写《童话大王》月刊写了32年，而且还没结束，还在写，你是怎么管理时间的？

表面看，我一个人写一本月刊写了32年，我应该是世界上最忙的人之一。可实际上，我是世界上最闲的人之一。

时间对每个人是一样的长度，1个小时都是60分钟。其实不然。如果你会管时间，能将1个小时变成120分钟。

咱们看看我昨天是怎么过的。昨天是2017年3月25日。

2017年3月25日凌晨4点17分，我起床写作至6点30分。

我从1986年开始，每天清晨4点半起床写作到6点半，31年来天天如此，雷打不动。我在每天清晨就完成了当天给《童话大王》月刊写稿的工作量。白天，我就成了世界上最清闲的人。

写作完毕后，我吃早饭。2017年3月25日我的早饭的内容有娃娃菜、菠菜、三文鱼、煮鸡蛋、腰果、松子、核桃、南瓜子、开心果、奶酪。我早上还会喝一杯由多种蔬果榨成的果汁。昨天我喝的果汁由苹果、梨、橙子、生姜、甜菜根、猕猴桃制成。

郑渊洁的早餐

　　我认为早饭相当重要。

　　我在早餐后散步 30 分钟。之后是 1 小时阅读时间，看的是韩愈的《进学解》。

上午，我陪孙女郑在到北京自然博物馆参观。

从自然博物馆回来，我和85岁的妈妈刘效坤下了会儿跳棋。我小时候，妈妈常和我下跳棋。

我的午饭是由9种蔬菜和少量米饭制成的郑氏蔬菜饭。昨天的郑氏蔬菜饭由橄榄油、菜花、胡萝卜、荷兰豆、藕、秋葵、洋葱、蘑菇、玉米、豌豆、大米、小米、荞麦、羊肉等构成。汤是番茄南瓜奶油汤。我还喝了点儿酸奶。

午饭后，我和86岁的爸爸郑洪升一起散步30分钟。我们边散步边聊天。

下午，我应邀到中国顶级小提琴家薛伟家做客，欣赏薛伟演奏小提琴。薛伟家高朋满座。

郑渊洁陪孙女郑在到北京自然博物馆参观　　　　　郑渊洁和妈妈刘效坤下跳棋

郑渊洁的午餐

薛伟是在国际上享有盛誉的小提琴演奏家，他在 25 岁时被英国皇家音乐学院聘为教授，成为该院有史以来最年轻的教授。薛伟在世界各地举办过上千场演奏会。他在国内的小提琴演奏会，一票难求。

晚上，我和女儿郑亚飞到保利剧院观看赖声川导演、蓝天野和李立群出演的话剧《冬之旅》。

这部戏由蓝天野和李立群两个人演。我将蓝天野称为戏神。蓝天野已经 91 岁了，还能演出两个小时的话剧。

这就是我在 2017 年 3 月 25 日的一天。

谁都可以成为管辖自己的时间的总统、主席、元帅、总司令，无须竞选和任命。

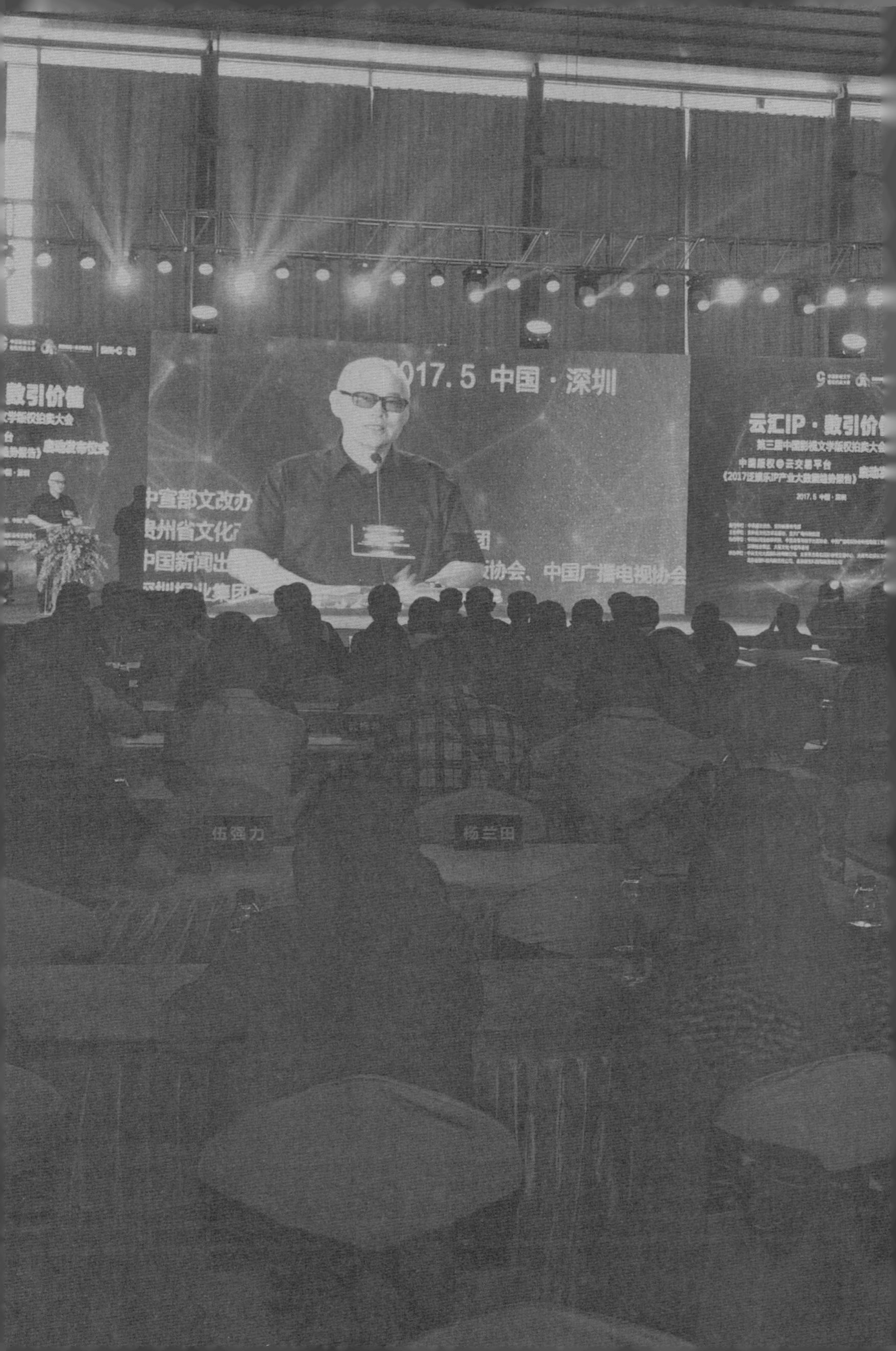
017.5 中国·深圳
中宣部文改办
第三届中国影视文学版权拍卖大会
中国版权◎云交易平台
伍强力
杨兰田

商标不应该成为原创者的"伤标"
商号不应该成为原创者的"伤号"

2017 年 5 月 11 日郑渊洁在中国（深圳）国际文化博览会上的演讲

这次我应邀到中国（深圳）国际文化博览会演讲，昨天晚上我到深圳入住酒店时，看到酒店的房间里用花蕊摆放了"童话大王"四个字，还有用毛巾叠成的三只蜗牛。服务员告诉我，他们小时候看我的《童话大王》月刊，得知我5月10日入住，5月10日又是《童话大王》月刊创刊32周年纪念日，就用他们的方式向我表示祝贺，蜗牛象征一个人写一本月刊32年的毅力。

国际文化博览会演讲现场

之后有一位记者采访我。她告诉我，她是第二次采访我。我赶紧说你一进来我看着你就面熟。她说她上一次采访我是电话采访。之所以出现这样的尴尬，缘于我没有大数据支持。刚才我和贵州穆副省长交谈，了解到我们国家的大数据都交给贵州保管，贵州的地理和人文条件特别适合保管大数据。

说到大数据，我想说说我了解的一个大数据，中国已经是世界上的商标大国，我们中国现在的注册商标总数已经超过 500 万个，注册商标数量据称已经是全世界第一。质量呢？

注册商标的质量，是指注册商标的原创性，指注册商标对知识产权的保护，指注册商标管理者是保护原创者还是保护恶意抢注者。

我们知道，商标注册是保护知识产权的体现。注册商标的目的是保护原创，保护知识产权，促进经济发展。深圳文博会的规模和影响为什么越来越大？是得益于中国保护知识产权的力度越来越大。文博会展示的大多数是原创，而保护知识产权直接的受益者就是原创者。如果注册商标里包含很多侵犯他人知识产权的恶意抢注商标，而且这些侵犯他人知识产权的商标受到法律保护，就严重挫伤了原创者的积极性，使得商标管理部门助纣为虐成为侵犯知识产权的帮手。如此，商标就成为原创者的"伤标"。伤害的伤，伤痛的伤。

我来说说我写作 40 年来注册商标的故事，向大家提供作为作家的我，和注册商标的"大数据"。

我自 1977 年开始文学创作，当时我 22 岁。

我们知道，一位作家的文学创作，最基本的，是这位作家通过文学创作原创了属于自己的文学形象，也就是作品角色。没能原创出脍炙人口、家喻户晓、有鲜明个性的文学人物形象，对于一位作家，是憾事。

我在文学创作初期，我的梦想是原创属于自己的文学形象。我给我的文学人物起名字有个原则，中国必须有这个姓氏。但是名字要起得让小读者看了就产生好奇心。毕加索原先的画作不能引人注目，他认为是自己的名字不能吸引人，他就改用母亲的比较少见的姓氏"毕加索"作为自己画作的署名，效果很好。

　　我服兵役维修歼–6战机时，我们福州军区的司令员叫皮定均。1981年2月10日我第一次写皮皮鲁时，就借用了皮司令员的姓氏。皮皮鲁和鲁西西在1981年2月10日诞生。

郑渊洁作品

　　我服兵役时，我的军械师姓舒，我在1982年第一次写舒克时，借用了舒军械师的姓氏。贝塔也是中国姓氏，有一位中国科学家叫贝时璋。至于1986年诞生的罗克，其姓氏在我们中国比较常见。

　　我原创的5个主要文学角色是皮皮鲁、鲁西西、舒克、贝塔和罗克，在40年间，刊载皮皮鲁、鲁西西、舒克、贝塔和罗克的《童话大王》月刊和图书销量超过 3 亿册，影响了中国三代读者。我有 31 年时间是每天凌晨 4 点半起床写作。我想通过辛勤劳动换得收获和果实。2008 年，联合国世界知识产权组织向我颁发"国际版权创意金奖"，表彰我原创了大量作品。

然而，商标和商号让我焦头烂额四面楚歌。

1992 年，我意识到皮皮鲁、鲁西西、舒克、贝塔和罗克由于书刊发行量巨大，已经有了商业价值和明显的商业品牌特征，就是角色商品化权。我开始着手为他们申请注册商标。由于我是外行，就找了商标代理公司代理。代理公司开出的价格是每个注册商标 3000 元。

我通过商标代理公司，注册了皮皮鲁、鲁西西、舒克、贝塔和罗克商标，共花费 15000 元。

郑渊洁作品

我还在当时的《童话大王》月刊上通过律师告诉小读者，皮皮鲁们已经是注册商标了，受法律保护。

好景不长，没多少日子，商标代理公司告诉我，有人恶意抢注了皮皮鲁商标，已经进入公告期，问我是否要提异议。

我诧异，问咱们不是已经注册了皮皮鲁吗？代理公司说，商标有45类，您注册的只是其中1类，其他44类，别人都可以注册。我愕然。立刻算了一笔账，如果我将45类皮皮鲁商标全都保护性注册，需要花费13.5万元。光注册皮皮鲁还不行，必须将鲁西西、舒克、贝塔和罗克都注册了，这样总共需要花费67.5万元。

而且并非一劳永逸，10年后这些商标就到期了，如果续展，再花67.5万元。

我问代理公司，如果我不注册这么多呢？代理公司说，如果您不全注册，所有您未注册的类别的商标，别人都可以用皮皮鲁们的名字恶意抢注，抢注成功，就是受法律保护的注册商标了。

原来恶意抢注商标类似洗钱，将赃款洗成合法的钱。

商标公司又说，如果您不注册某个门类，被别有用心觊觎您劳动成果的人恶意抢注了，在3个月的公告期，您可以使用提异议的方法阻拦他，提一次异议，还是3000元费用。

当我意识到我的稿费可能不够为我的文学角色注册商标时，我欲哭无泪啼笑皆非。我对商标代理公司说，我索性放弃注册所有商标了。代理公司说，这样的决定后果十分严重，由于您的作品发行量数以亿计，知名文学角色的商业价值巨大，会形成到处都是用您的文学角色注册的商标进而销售产品的局面，读者会误以为是你经营的产品，出于对您的信任和爱戴去购买。如果这些产品出现质量问题，而凡是采取恶意抢注他人商标投机取巧方式经商的人，往往没有诚信经营的，十有八九坑害消费者。这个锅，还得让您背。

我被吓坏了，赶紧决定不惜拿出所有稿费对皮皮鲁、鲁西西、舒克、贝塔和罗克进行全方位保护性注册。例如，我必须给皮皮鲁注册第 2 类商标油漆；要给鲁西西注册第 7 类商标机床；给贝塔注册第 10 类商标假肢；给舒克注册第 19 类商标沥青；给罗克注册第 13 类商标军火及弹药；等等等等。

当我获悉商标界有个"撤三"的规定后，我举步不前了。

所谓"撤三"，是指商标注册 3 年之内如果没有使用也就是没有生产和销售，任何人可以对商标拥有者提出撤销该商标的要求。就是说，我耗资 67.5 万元将皮皮鲁、鲁西西、舒克、贝塔和罗克注册了所有 45 类商标后，我必须经营这些商标所对应的产品，我要生产罗克牌手枪和弹药，注意，不是玩具枪，是真枪。玩具枪是第 28 类商标。我还要生产和销售鲁西西牌机床，包括车床、铣床、刨床等。我还要生产和销售皮皮鲁牌油漆，还得是环保油漆。还要生产和销售舒克牌沥青、鲁西西牌沥青、罗克牌沥青、皮皮鲁牌沥青。

我是童话作家，我应该不缺想象力。然而我的想象力面对这样的场景显得贫乏和枯竭：作家郑渊洁每天一边写作为《童话大王》月刊供稿，一边身兼军火商、机床制造商、沥青供应商、第 27 类地毯制造商、第 34 类火柴制造商、第 10 类假牙制造商……

我问代理公司，就没有一劳永逸的方法？他们说有，申请驰名商标。如果皮皮鲁被评定为驰名商标，任何人就不能注册其他种类的皮皮鲁商标了。我问，怎么申请？代理公司说您得出 60 万元。我问这 60 万元给谁？他们说我们代理公司留 30 万元，另外 30 万元你懂的。

我说我不懂。这个应该是中纪委（中共中央纪律检查委员会）懂。

郑渊洁在国际文化博览会演讲现场

我问，拿到了驰名商标就一劳永逸了？他们说驰名商标有效期 10 年。10 年后重新来过。我问，再交 60 万元？他们说那要看 10 年后的物价指数了。

我算账，皮皮鲁申请驰名商标 60 万，鲁西西 60 万，舒克 60 万，贝塔 60 万，罗克 60 万，共计 300 万。10 年后再交至少 300 万……

我愤怒、惶惑、无奈，甚至后悔原创了皮皮鲁、鲁西西们，在商标知识产权保护不力的地方，原创不是自讨苦吃是什么？如今，商标已经成为原创者的"伤标"。

代理公司预言的场面真的出现了，皮皮鲁、鲁西西、舒克、贝塔和罗克被恶意抢注成功了 218 个注册商标！

不管我到哪儿，都会有读者问我，郑州"皮皮鲁西餐厅"是你开的？维纤宝（北京）食品有限公司生产的袋装"卤西西"熟肉制品是你生产的？四川成都川味之光食品有限公司的"皮皮鲁山椒猪皮"是你授权的？

我可以对这 218 个恶意抢注的商标提请无效宣告，如果不找代理公司，每个无效宣告我要向国家商评委交 750 元。加上人力和时间成本，每个无效宣告至少需要 1500 元，218 个无效宣告我需要拿出 43.6 万元！

这还不算，即使我对他人恶意抢注的我原创的作品角色的商标维权提出异议，也可能被国家商标局驳回或不予受理。2014 年 7 月，上海美术电影制片厂申请注册第 14761540 号"舒克贝塔"商标，在公告期，我提出异议，国家商标局竟然对舒克贝塔的原创作者郑渊洁给予"不予受理"的决定！使得第 14761540 号"舒克贝塔"商标被恶意抢注成功。还有第 12375983 号恶意抢注的"舒克和贝塔"商标，还有……不胜枚举。我每次对恶意抢注的我笔下的作品角色商标提异议，不管成功与否，都要交 3000 元。

我想依据《中华人民共和国政府信息公开条例》申请国家商标局公开中国 500 多万个注册商标的注册费、异议费、异议答辩费、"撤三"费、无效宣告费等费用的收入信息和去向及使用信息。2016 年中国申请商标 120 万个，按每个收取 300 元（2017 年的标准），这还不含异议、异议答辩费用，其数字应该令人咋舌。我还想依据《中华人民共和国政府信息公开条例》申请国家商标局公开是自己的有资质的正式工作人员在审核申请注册的商标，还是外包给"临时工"不负责任地审核？审核商标注册这么严肃法律性如此强的事，如果是外包给"临时工"完成，管理部门是否涉嫌渎职和玩忽职守？

2017年3月1日，最高人民法院打出保护知识产权的重拳，在商标授权确权时，有知名度的作品角色的当事人原创者主张权利时，人民法院予以支持！这是中国知识产权商标保护领域里程碑式的进步。

多年来，不断有读者和媒体记者询问我是否在郑州开了一家皮皮鲁餐厅，这家餐厅在2004年4月6日恶意抢注了第3302660号皮皮鲁商标。2004年时，皮皮鲁书刊销量已经超过两亿册，商标审核员真的一点儿不知道皮皮鲁？

今年2月23日，我向国家商标评审委员会递交宣告第3302660号皮皮鲁商标无效的申请。

2017年5月25日，郑渊洁到国家商标局对被维纤宝（北京）食品有限公司恶意注册的第10409714号"卤西西"商标提请无效宣告

近年有读者谴责我不应该使用鲁西西商标卖肉，影响了读者对鲁西西的感情。我一头雾水。经查才发现北京一个企业注册了第 10409714 号卤西西商标，出售熟肉制品。利用谐音傍名牌，用心真是良苦。难道消费者最看重的不是商家的诚信度？我将于本月 25 日前往国家商标局对第 10409714 号卤西西商标提无效宣告申请。

新疆有家企业恶意抢注"舒克"商标，我主张权利。对方说新疆有个图木舒克市，我们怎么不可以注册舒克商标？新疆图木舒克市原名图木休克市，2002 年才改名为图木舒克市。而我笔下的舒克是 1982 年问世的。商标注册不应该遵循在先原则？

现在说说商号。商号就是公司名称。

目前全国有 182 家公司使用皮皮鲁、鲁西西、舒克、贝塔和罗克作为公司名称。经常有朋友对我说，你到我们广东办了"广州皮皮鲁电子产品有限公司"？我说没有啊。又有朋友问，你到西藏开了"西藏皮皮鲁创业投资管理合伙企业"？还有朋友问我，你在山东日照开了"日照鲁西西互联网科技有限公司"？还有朋友问我，你在成都开了"成都鲁西西餐饮有限责任公司"？还有朋友问我，你来我们这里开了"呼伦贝尔舒克通用航空有限公司"？再有朋友问我，你又在江苏开了"苏州贝塔餐饮管理有限公司"？还有"深圳舒克贝塔电器有限公司"，还有"烟台舒克贝塔食品有限公司"，还有"罗克（北京）服饰有限公司"……全国有 182 家未经我授权使用我的作品角色命名的公司。这属于不正当竞争，给读者消费者造成混淆。

商号侵权违反《中华人民共和国反不正当竞争法》第二章第六条和《中

华人民共和国企业名称登记管理实施办法》第三十九条，侵犯他人在先权益，对合作者和消费者造成欺骗或误解。

有人对我说，这么多企业使用你的作品角色名称作为企业商号，说明你的作品影响大。我不知道美国是不是有 100 多家迪士尼公司，不知道英国是不是有 100 多家哈利·波特公司。

近年来，我国在保护知识产权方面有长足的进步，在知识产权保护领域，唯独商标和商号明显滞后。商标和商号都归国家工商总局管辖。

今年 4 月 28 日，国家商标局邀请我到国家商标局建言，我就如何保护作家著作中的角色名称权，以及保护商标专有权等谈了自己的意见和建议。国家商标局党委书记崔守东对我为商标改革工作提出的意见和建议表示感谢，针对当前商标知识产权侵权现象较多、商标恶意抢注行为屡禁不止的现象，他表示商标局将认真研究改革过程中出现的各类问题，坚持运用改革破解难题的决心，又好又快地处理社会上反映集中的问题。

郑渊洁应邀到国家商标局建言

我相信国家工商总局国家商标局会有效遏制恶意抢注商标、恶意使用商号的侵权行为，保护原创作者的知识产权和创作积极性。在我们国家，商标不会成为原创者的"伤标"，商号也不会成为原创者的"伤号"。

　　有了文化实力，国家才能真正强大。切实尊重和保护知识产权，国家才能拥有文化实力。

从抓住机会到为他人创造机会

2015 年 9 月 26 日郑渊洁在非洲毛里求斯的演讲

马克·吐温说，上帝是按照毛里求斯设计的天堂。我觉得天堂是机遇四伏的地方。

华为现在在全世界很多国家都有分公司。我听说华为在海外的第一项业务是这样获得的：某年莫斯科暴雪，通信中断。莫斯科通信公司打遍各合作伙伴的电话，对方都说这么大雪，我们无法派出维修工。情急之下，通信公司工作人员想起前些天有人上门发名片，说是有通信方面的业务可以联络。工作人员找出名片，打了电话，那名不见经传的小公司立即派人冒着暴雪修复线路。这就是华为在海外的第一笔业务。之后，华为声名鹊起，越做越大，直至成为全球第一大通信公司。

华为抓住了暴雪赐予的机会。

别人不愿意干或者不能干时，就是天赐良机。

1978 年，是中国盛产文艺青年的时代。当时最牛的写作者是小说家。很少有人愿意写童话。这是机会。我从 1978 年开始写作童话，那年我 23 岁。37 年来，我创作了数以千万字的作品，创造了皮皮鲁、鲁西西、大灰狼罗克、舒克和贝塔等文学形象。

抓住机会的人，也能为他人创造机会。

这是我经历的一个故事：

美国有一档名为《急速行进》的真人秀节目，收视率很高。节目形式是 12 对选手竞争：不给什么钱，让您走遍天南地北历尽千难万险，哪对选手坚持到最后，谁就获得 100 万美元奖金。湖南卫视在 2006 年引进了这档节目的版权，中国版名叫《我是冠军》。节目也由 12 对选手展开竞争，竞争项目极其残酷：在西双版纳原始森林里和毒蛇相处、在少林寺为寺庙走百级石阶挑水、飞机跳伞、大海潜水斗鲨鱼、新疆走高空钢丝……

12 对选手分别由名人和素人搭档组成。素人在 6 个赛区报名海选，海选的方式就是不吃不喝不睡开始行走，每个赛区坚持到最后的 20 个人，由两位名人到该赛区从中挑出两名搭档。12 对选手由此组建完毕。

湖南卫视想让我参加《我是冠军》真人秀节目。编导找到我，我很喜欢参加这样的节目：几百台摄像机隐藏拍摄，天上直升机航拍，各种竞赛项目十分刺激惊险。

我一直有用历险方式走遍全国的想法，比如徒步，比如骑自行车，比如骑摩托车，比如驾驶汽车。但是这些想法都由于忙于写作而无法实现。现在机会来了，我想参加《我是冠军》。

但是我的家人不同意，尤其是我的父母坚决反对，他们认为像飞机跳伞这样的项目不适合他们的儿子，风险太大。我妈妈说，节目全部完成需要一个多月，《童话大王》月刊的稿子怎么办？但是我还是想参加。

经过全家人协商，最后达成双赢协议：我必须第一个被淘汰，才能参加。这样我既参加了节目，又没有太大的危险，因为高刺激的项目在中后期，而且不耽误写作《童话大王》，因为淘汰了就回家了。

2006 年 8 月 21 日，我和歌手谢雨欣到长沙"世界之窗"公园素人海选场地，从入选的 20 位素人选手中挑选搭档。

郑渊洁在毛里求斯

我看着 20 位脚上布满血泡的选手，其中不乏体育学院的年轻力壮的男生女生，我自知第一关就要被"淘汰"，我不想连累成功率高的年轻人，因为冠军的奖金是 100 万元。我就选中了 20 名素人选手中年龄最大的一位

30 多岁的女士欧阳。

12 位名人和 12 位素人搭档开始了为期 6 天的全封闭魔鬼训练。教练教给我们野外生存方法，比如生吃蛇的方法，比如在海里如何不被鲨鱼攻击，比如同伴被毒蛇咬了后如何用嘴吸毒液施救，比如跳伞时主伞万一打不开如何使用备份伞……

魔鬼训练的第一天晚上，我听见有人按门铃。我开门，是欧阳。

欧阳拿着宾馆的电热壶。她对我说："郑大哥，我听嫂子说您爱上火。我给您熬了冰糖梨水，这个下火。"

欧阳是湖北沙市一家小餐馆的老板娘，她会烹饪。

我收下电热壶，说谢谢。欧阳走后，我没有喝冰糖梨水，而是倒掉了。公安部禁毒局曾经委托我写作告诫孩子们终生远离毒品的童话，为此我到戒毒所接触过吸毒人员，他们告诉我，千万不要喝别人给的液体，里面可能被人下了毒品，他们都是被最好的朋友在液体里下了毒品而吸毒的。所以我不敢喝欧阳给的冰糖梨水。

魔鬼训练 6 天，欧阳给我熬了 6 壶冰糖梨水，我都悄悄倒掉了。

9 月 4 日，真人秀节目录制开始。节目组收走所有选手的钱、银行卡、手机、电脑。在节目进行中，规则是选手不可以向认识的人借钱要钱，可以通过乞讨、打工挣钱。

12 对选手登上直升机，被运送到陌生的地方。

极其残酷、刺激、充满危险的录制开始了。

在奔涉途中，我发现欧阳经常写日记，她告诉我，我 1993 年到湖北沙市签售时，她到了现场，由于人太多，挤不进去。后来她读了《郑渊洁与皮皮鲁对话录》，我在这本书中建议小读者写日记。从那时起，欧阳养成了写日记的习惯。我看了她的文字，认为她的文笔很好。

我和欧阳历尽千难万险从长沙到杭州，再到嘉兴，再到嘉善，再到上海，再到南京。

南京是第一对选手被淘汰的地方。下火车时，我故意延缓速度，当我和欧阳登上阅江楼时，主持人程前宣布：郑渊洁和欧阳成为第一对被淘汰的选手。

欧阳痛哭。无论我和其他选手怎么劝，欧阳也止不住哭。

到住地后，欧阳还哭，我劝她，这是一个节目，参加了就是成功，总会有人陆续被淘汰。

欧阳告诉我，她和丈夫、儿子、小叔子、公公婆婆住在十几平方米的房子里。她的餐馆经营状况并不好，靠挣的钱买房子几乎不可能。有一天，她看见了湖南卫视《我是冠军》的广告，她看见了曙光，她想夺冠，想用100万奖金买房子。当她到了海选现场，看到几乎全是年轻人时，她没有信心了。海选行走时，她眼前是海市蜃楼般的房子。靠着这个梦想，她愣是成功了。

但当我在20名选手中挑选搭档时，她又没有信心了，因为其他人都是20多岁的年轻人。当我选中她时，她认为冠军非她莫属了。

没想到第一个被淘汰，她能不难过吗？

我这才知道欧阳为什么痛哭不止。我想到自己是有意第一个被淘汰，而她的房子梦因此破灭了。

这时，编导进来向我和欧阳归还赛前收走的两人各自的钱和手机等。

我看见欧阳只有 5 元钱。

我知道节目组承担选手旅行费用，但我还是觉得只有 5 元零花钱太少了。我问欧阳，怎么回事？她说，节目组对素人选手的底细毕竟不了解，为了确保节目顺利播出，为了防止素人选手中途离开，素人选手需要向节目组交一些保证金，待节目全部录制完成并播出后，保证金还给选手。欧阳家不富裕，交了保证金后，就只剩 20 元零花钱了。

我问："20 元中的 15 元去了哪儿？"

她说："给您熬冰糖梨水了。"

我呆若木鸡。

次日，我和欧阳从南京分别返回北京和沙市，我俩在 10 月 3 日去长沙录制节目的大结局。

在从南京飞回北京的飞机上，在万米高空，我决定帮助欧阳完成房子梦。但我不会给钱，而是给机会，给奇迹。我决定用 23 天时间同欧阳合写一本书并出版，让她用书的预付稿费在沙市买房子。这本书记录我们参加《我是冠军》真人秀节目相处的 8 天，以她的文字为主，我的文字在全书占 1/4 篇幅。欧阳著，郑渊洁协著。我在这本书获得的稿费全部用于支援欧阳购房。

我看过欧阳的文字，我认为她有写作的基础。之所以是 23 天时间，因为 23 天后，是我和欧阳到长沙录制《我是冠军》大结局的时间。如果在节目现场我突然拿出那本书，欧阳拿出用稿费买的房子的房产证，我认为，这个真人秀节目真正的冠军就是我和欧阳了。

23 天出书，而且一个字还没有，是异想天开吗？

到北京下飞机后，我给我的签约出版社社长打电话，说了自己的想法。

社长笑了："23天出版一本书？现在还没写？绝对不可能。"

我给社长讲冰糖梨水的故事。

电话那头社长一拍桌子："渊洁，咱们干！就一个条件，让她6天拿出8万字书稿。她写一章传给你一章，你修改后传给我们，这本书中你的文字也要在6天之内完成。我们全社100多号人全忙这本书，咱们创造一个中国出版史上的奇迹。"

我说："请你今天和欧阳用传真方法签出版合同，立即预付稿费。让他们家用稿费马上买房子。"

欧阳从电话里得知我策划她写书的信息后，不相信自己能写书。我鼓励她。我看到她写的第一章后大加赞赏，由此欧阳有了自信。她写一章，我改一章，出版社排版一章，全部流水作业。我发现，在鼓励下，她越写越好。

同时，欧阳的丈夫用预付的稿费去买房子。

10月2日，我在北京登机前，出版社印制科长将墨迹未干的书送到机场。

10月3日，在湖南卫视600平方米大演播厅，《我是冠军》12对参赛选手云集，直播大结局。

主持人程前首先对我和欧阳说："郑老师、欧阳，作为第一对被淘汰的选手，你们想对观众说什么？"

我从怀里掏出新书，欧阳从兜里掏出房产证。

我叙述原委。

全场先是鸦雀无声，继而掌声雷鸣。

从抓住机会，到为他人创造机会。生活本身，就是童话。

第一个被淘汰，也能成为冠军。

华为非洲财务中心位于毛里求斯。财务中心的作用是理财。财富有两种，有形资产和无形资产。我认为一级理财是理无形资产，二级理财是理有形资产。

无形资产包括道德品质、信誉、著作权、专利等。忽视对无形资产进行到位理财的人，有形资产容易受损。

顶级理财，是打理道德品质。

国 家 质 检 总 局

当一个高质量的人

2017 年 1 月 15 日郑渊洁在国家质检总局的演讲

一次我问马未都，什么样的古董价值最高？是年代最久远的，还是数量最稀少的？马未都摇头说都不是。他告诉我，品质好的古董最值钱。

这句话对我有启发。我觉得，其实所有东西都是品质好的有价值。包括人。

国家质检总局（现国家市场监督管理总局）就是负责监管品质的。我认为，没有任何一个政府部门像质检部门这样和老百姓生活的方方面面息息相关。

人生竞争激烈，最终竞争的是什么？我认为是道德品质。每个人，都应该像质检人员那样，经常对自己进行质检，让自己成为高质量的人。高质量的人就是有同情心和正义感、善待他人、诚信、不给别人添麻烦、己所不欲勿施于人。

质检工作实际上是一个斗智的过程，需要逆向思维。在座的各位都是逆向思维的高手。写童话的人也离不开逆向思维，我班门弄斧一回。中国有句老话叫兔子尾巴长不了，我却认为兔子尾巴长得了。一般认为，经营人生的诀窍是拿自己的长处去和别人的短处竞争，以己之长克彼之短，这样才能胜出，充分体现人生价值。然而，真正高级的竞争手法，却是以己之短克彼之长，拿自己的短处去和别人的长处较量，往往能出奇制胜。

兔子的尾巴是著名的"短"，表面看，兔子的尾巴最短，长不了。实际上，正是由于兔子的尾巴短，才使其成为最长的尾巴。这个长，是寿命长。兔子的尾巴短，不引人注目，没有人会拿兔子的尾巴当围脖，兔子由于尾巴短而保全了性命。而狐狸和貂的尾巴由于长，被人拿去当围脖，狐狸和貂也因此给自己的尾巴当了殉葬品。狐狸和貂的尾巴表面看长，实际上最短。

经常看到很多人为自己的短处愁眉苦脸、忧心忡忡，比如相貌欠佳，比如身材矮小，比如没有文凭。这些短处就像兔子的尾巴一样，能转化为长处，帮助你平安走人生路。

我认为对家庭装修材料的质检特别重要。如今在城里，家里不装修的已然属于凤毛麟角。不合格的装修材料相当于将各种对人体有害的毒品引狼入室，无异于花钱将危害家人健康的杀手收容在家中，使得家人在居室里终日与狼共舞。科学研究表明，面对家庭装修带来的各种有毒气体，首当其冲受到戕害的，是未成年人。

研究证明，当室内甲醛含量超标 10 倍时，未成年人体内的 DNA 先于同居室的成年人被破坏，也就是由于年龄小孩子身上的 DNA 领先于父母在受到甲醛的攻击时阵脚大乱。人体自身拥有修复功能，但是在修复的过程中，一旦出现差错，孩子就会罹患白血病，也就是血癌。这正是近年儿童白血病患病率大幅度上升的重要原因之一。时至今日，白血病虽然可以救治，但是依然有不少患儿与获得新生失之交臂。

研究者发现一个奇怪的现象：有的家庭甲醛超标 20 倍，孩子安然无恙，有的家庭甲醛超标只有 8 倍，孩子却得了白血病。这是为什么？原来，身体在修复 DNA 时，需要援军，这个援军就是好心情。有了好心情，修复 DNA 的成功率就高。如果孩子终日因学习压力大而闷闷不乐，再加上家长训斥，导致孩子精神郁闷，身体在修复 DNA 时，出差错的概率大幅上升，患白血病的可能就增大。

减少儿童白血病有诸种措施，其中两种是对装修材料加强质检和家长让孩子天天快乐、天天有好心情。

总之一句话，想方设法当一个高质量的人。成为高质量的人的方法是常对自己进行质检。

我获得财务自由的方法

2006 年 11 月 25 日郑渊洁在国家图书馆的演讲

我刚开始写作时是1977年，那时我是工人。我的工厂位于北京学院路。我经常骑自行车到这座图书馆来看书，有时是查阅《辞海》，那时我买不起《辞海》。

　　我曾经想，人在40岁时，嗓子眼里应该有一句话随时待命。这句话就是：对不起，我不伺候了。

　　能随时说出这句话的人，应该是拥有财务自由的人。

　　财务自由的定义是：从现在起您什么都不做了，依然能保持现有生活水平，并延续到下一代。

　　通过合法劳动获得财务自由，是人生的一大乐事。在获得财务自由的同时，也体现了人生价值，对社会做出贡献。

　　我现在应该已经获得了财务自由。我和大家分享我是如何获得财务自由的。

　　有记者问我，到目前为止，你认为最有成就感的事是什么？我说：我感觉最有成就感的事，是我挣的每一分钱都是干净的。

　　我从22岁开始写作，我的收入几乎全是稿费。我也拿过工资，但是工资的金额不可能让我拥有财务自由。真正让我获得财务自由的，是我没有了工资之后。人在有退路时，不容易获得财务自由。没有了工资，没有了医疗保障，会逼迫你通过努力获得自保能力，进而因祸得福获得财务自由。

郑渊洁

文联一家少儿期刊辞退。这件事导致我获得了财务自由。

现在和大家分享我的故事：

1981 年，由于写作有了成就，我从工厂被调到北京市文联参与创办一家少儿期刊。然后我就一直在这家期刊担任编辑。

其间，我有过两个想法：一个是 1985 年，我认为创办一本只刊登我一个人作品的《童话大王》月刊能有很大的销路；另一个是 1986 年，我认为创办一本名叫《大灰狼画报》的刊物能得到小读者的逆向思维认同从而占有市场。

这两个想法，我都是先向我服务的北京市文联那家少儿期刊的领导提出的，在遭到谢绝后，我才在山西省和江西省分别创办了《童话大王》月刊和《大灰狼画报》月刊。这两家期刊都被新闻出版总署评选为双效期刊，获得巨大的社会效益和经济效益，总销量逾亿册，影响了中国至少两代读者，至今畅销不衰。

1992 年，中国工艺品进出口总公司希望使用我的无形资产中国本土原创"皮皮鲁""鲁西西"等作为商业品牌开拓衍生儿童用品市场。受此启发，我先向我服务的北京市文联那家少儿期刊的领导汇报了我的作品里的人物可以进行商品化权开发的思路，询问可否依托该刊做这件事。在得到否定的答复后，同时在获悉单位领导无异议后，我才和中国工艺品进出口总公司签署了为期 10 年的合作协议，授权该公司自 1992 年起至 2002 年使用皮皮鲁品牌开发衍生产品。

20 世纪 90 年代中后期，北京市文联党组马书记找我谈话，他希望我能为文联做些贡献，肥水不要都流了外人田。我表示愿意为我服务的这家少儿期刊做贡献。当时这家期刊每年需要文联财政拨款 10 余万元。我表示，我可以让该期刊从此不再要北京市文联一分钱，每年还要向文联上交 20 万元。

我还表示马上交给文联 20 万元风险抵押金，如果一年后我的经营失败，这 20 万元就充公了。我还表示，不担任期刊的行政职务，没有人事权，不会裁减一个人，我只管稿件和发行。

令人始料未及的是，编辑部领导闻讯后立刻宣布辞退我，理由是我在外边拥有皮皮鲁品牌公司。而该公司已经成立 4 年，领导同志为什么一直不闻不问呢？为什么直到我答应北京市文联党组马书记的请求要为文联"做贡献"了才以此为由辞退我呢？其辞退我的真实原因，不言自明。

在我"不为单位做贡献"时，编辑部领导和我相安无事。一旦我应上级领导要求要为单位做贡献了，单位领导立马将我辞退。其中的道理，令人深思。当时文化单位在进行体制改革，实行全员聘任制，编辑部领导有权解聘下属。实行这样的政策，是为了破除大锅饭，其初衷是好的，但是它也能成为忌才妒能的撒手锏。

北京市文联党组马书记没想到出现这样的局面，就派出陈、张两位副书记调解。我还记得一个周末在位于和平门的陈副书记家接受调解的场面，当时张副书记也在场。他们向我转述编辑部领导提出的一个解决方案：可以继续聘用郑渊洁，条件是郑渊洁不能来上班，工资照发。

我拒绝了这个条件，我说既然领工资就要上班。

文联领导又对我说工龄满 30 年可以办理内部退休，你的工龄马上就 30 年了，办理内退吧。我说我这么年轻，办退休多折寿。我谢绝。

调解无效。

之后编辑部停发我数年工资。北京市文联无人过问。

在距离我的工龄满 30 年的前一个月，我办理了辞职手续，将档案拿到街道，拥有了"北京市城镇失业人员求职证"。从此没有一分钱退休金和医疗保障，成为真正意义上的完全靠稿费生存的专业作家。为此我挺自豪。我认为，作家领由国家财政发的工资是一种耻辱。

没有了工资收入和医疗保障后，我真切意识到我只有通过写作和稿费收入养家糊口一条路可走了。那时我想得最多的一个词是"破釜沉舟"。

我在作品里说过一句话：有的人将机会变成危机，有的人将危机变成机会。

现在是 2006 年 11 月，我已经一个人将《童话大王》月刊写了 21 年，累计发行 1 亿多册。

勇往直前的最有效办法是没有退路。

国家图书馆引发我无限回忆，我有这里的借书证。多年前，我总是骑着自行车来这里看书。还曾经在这里的阅览室写作，因为工厂的集体宿舍条件差。我先是在这座图书馆看书，之后在这座图书馆写书，直到这座图书馆收藏了我的书。

我的思维方式

2014 年 7 月 26 日郑渊洁在美国加州理工学院的演讲

我刚才听说加州理工学院平均每 1000 多名毕业生中有 1 个人获得诺贝尔自然科学类奖，这个比例应该很了不起。爱因斯坦、霍金、钱学森、哈雷、摩尔根、冯·卡门等科学大咖都在我现在正在演讲的这所学院学习或教学过。我认为，成就其实是思维方式的胜利。我在作品里说过一句话：把眼睛从别人都注视的地方移开，去看没人看的地方，那里遍地是黄金。

这个黄金是广义的，包括真理。

人类成员的大脑结构应该差别不大，为什么差别不大的大脑能产生差别很大的思维？这应该是教育最值得研究的领域。不管何种教育方式，如果训练学生按照一样的思维方式思维，那就是失败的教育。

我只上过 4 年小学，我的作品截至目前发行了近 3 亿册。我一个人写一本名为《童话大王》的月刊已经写了 29 年。我认为，是思维方式导致我有了这样的经历。

我 1955 年出生在一个军校教员的家庭。我父亲当时是石家庄高级步兵学校的哲学教员。我的祖父和外祖父都是医生。父亲祖籍山西临汾，母亲祖籍浙江绍兴。

我妈妈的思维方式和别人不大一样，我小时候，听她说得最多的话是"你走你的阳关道，我走我的独木桥"。妈妈还原创了一个关于独木桥的睡前故事，每天给我讲一遍。如果用一句话概括母亲对我的教育，这句话就是"和别人不一样"。在这样的教导下长大的我，由于环境加上遗传基因，成为一个思维方式和别人不大一样的人。

我在1963年上小学二年级时，老师留了一篇当堂作文，题目是"我长大了干什么"。这是我平生第一次写文章，我想和别的同学不一样，我的那篇作文写完后题目是《我长大了当淘粪工》，而其他同学写的都是长大了当科学家、工程师、警察等。

没想到老师将我这篇作文推荐到学校的《优秀作文选》上刊登出来了。当时我就产生了一个错觉，在这个世界上，我郑渊洁写文章写得最好。这肯定是错觉，但是倘若没有这个错觉，我成年后不会选择写作作为谋生手段。

这件事让我尝到了与众不同的甜头，于是我依靠逆向思维在独木桥上越走越远。

1976年我21岁，身为工人的我有了女朋友。正当我憧憬娶妻生子时，我的噩运来了，1977年国家恢复高考，本来对我很满意的女朋友的父母，要求我参加高考，他们说不想看到女儿嫁给工人，否则就不给我和他们的女儿继续结交办理签证。我觉得高考可以，但是设立先决条件的逼考，我不能就范。

结果我失去了女朋友。逆向思维指引我走一条和别人不一样的路：不上大学也要出人头地。

我选择了写作。我这样想，如果我写出了好作品，读者是不会由于我没上过大学而不买我的书的。这个判断后来被证明是对的。

我开始是写诗。写了一年诗后，在 1978 年，我决定改写儿童文学。这也是逆向思维的结果。当时的写作者们几乎没人看得上儿童文学。在当时的文坛，儿童文学被戏称为小儿科。

到了 1984 年，我写童话已经有了些名气，皮皮鲁、鲁西西、舒克和贝塔都问世了，16 家不同的儿童报刊同时连载我的不同作品，像《魔方大厦》啦，《舒克和贝塔历险记》啦。我的思维方式导致我看到自己的作品和其他人的作品刊登在同一家报刊上心里不舒服，我还想，读者买或者订一份报刊，可能是喜欢上面刊登的某位作家的作品，而对其他作品不太感兴趣。可是当时报刊社支付所有作者的稿酬采用同样的标准。我认为这实质上是写得差的作者在剥削写得好的作者。这样的想法在常人看来应该比较奇怪，但我当时总是这么想，而且挥之不去。

郑渊洁作品 IP 形象

我想，如果有一本只刊登我一个人作品的月刊，我的所有皮皮鲁、鲁西西、舒克和贝塔等童话只刊登在这本月刊上，小读者在其他任何报刊上都看不到我的作品了。只刊登我一个人作品的这本月刊可能会发行量奇高，其他儿童报刊由于没有我的作品了发行量会直线下降。在这之前，全世界还没有一位作家全靠自己的作品长时间支撑一本月刊出版的先例。这样的思维方式，应该是拜我妈妈所赐，这是地道的走独木桥。

1985 年 5 月 10 日，只刊登我一个人作品的《童话大王》杂志创刊。迄今为止，我一个人已经将《童话大王》月刊写了 29 年，《童话大王》迄今为止累计发行了近两亿册。

这件事，让我真切感受到逆向思维的威力。我看过爱因斯坦的一本传记，我感觉他在进行科学探索时常使用逆向思维方式。

人类同样结构的大脑，产生不同的思想，我认为是顺向思维和逆向思维的区别。

逆向思维属于与众不同、独辟蹊径。顺向思维属于随波逐流、千人一面。

刚才有朋友给我递字条，希望我谈谈我对孩子的家庭教育。我在家庭教育上也使用了逆向思维方法。我的儿子上过小学，当我发现通过上学，他对各种课程的兴趣越来越小时，我在征求了孩子的意见后，将儿子领回家自己教。我认为衡量教育是否成功，就看受教育者对所学知识的兴趣是越来越大还是越来越小。成功的教育，应该让受教育者对所学知识的兴趣越来越大。

我为儿子编写了 10 部故事体家庭教材，是那种能让孩子一口气看完、不看完欲罢不能的教材。没有说教，将各种知识融入故事当中。

我的女儿出生后，我有为儿子编写的那 10 部家庭教材撑腰，我对女儿说得最多的话就是你不用去学校上学，甚至连我为女儿原创的催眠曲都有

"咱们不用去学校"的歌词。结果我的女儿由此逆反成为最向往去学校上学的孩子。当我意识到此事已成定局后，我决定将女儿培养成为学霸，我是这样想的，既然去学校上学，就要当第一。

刚才我说了，我做事的方法是不随波逐流和走独木桥，我喜欢的一句话是独辟蹊径。我认为家庭教育也应该使用这个方法。

既然女儿强烈向往去学校，我开始做送女儿去学校上学的准备工作。目标定了，要当第一。问题来了，当什么时候的第一？

我分析后得出结论，孩子上学的本质是参加一场竞赛。但是这个竞赛不是短跑，而是马拉松，上大学之前要上12年学，超级马拉松。我为此写了一篇《请让孩子输在起跑线上》的文章，这篇文章流传甚广。我认为，对于马拉松比赛，赢得终点的冠军是真冠军，拿了各个阶段的冠军不是真正意义上的冠军。

郑亚旗和郑亚飞

由此我决定，将女儿到学校学习的目标锁定在高三毕业的成绩，要拿全年级第一。至于之前各年级的成绩，不重要。不但不重要，甚至要刻意落后，将主要精力放在考试成绩之外的地方。

我分析了我的人生奋斗历程，我找出了一个最让我感到激动的词语，这个词语就是"超越"。我的奋斗历程就是超越的历程。

刚才说了，我 22 岁开始写作时，我的学历是小学四年级，身份是工人，我站在人生起跑线上时，处于绝对落后的位置。我的写作过程，就是追赶的过程。追赶让人惶恐，让人不敢懈怠，让人知耻而后勇，让人发奋，让人激动，让人只往前看不往后看，因为对手全在前面而身后空无一人。

我切身感受到一个真理：超越的秘诀是先落后。

我研究了马拉松比赛，发现大多数最终的冠军在比赛的前半程不是领跑者而是跟跑者。跟跑的优势是保存实力没有压力只往前看不往后看，领跑的弊病是为他人树立标杆，为他人劈开空气阻力，只往后看不往前看，直至为他人做嫁衣裳。

我们都知道龟兔赛跑的故事。如果我们认可孩子在读大学之前的 12 年是马拉松赛，您是愿意让自己的孩子作为乌龟参赛还是作为兔子参赛？我倾向乌龟。

我在为女儿制订上学的计划时，我在为女儿写的教育日记里出现了这样的句子："将欲取之，必先予之。"欲速则不达。

我从女儿进入小学第一天开始为她写教育日记，每天都写。我已经写了 9 年，这个教育日记，我会一直写到女儿高三毕业那天。

我在日记里多次写了这样的文字：马拉松冠军的本事就是追赶，然后超越。超越的秘诀是先落后。没有落后就没有超越。不要领跑，要跟跑。然后超越。领跑的结果大都是为他人做嫁衣裳。

我为女儿制定的方针是：小学保持跟跑状态，练习追功，就是追赶的功夫。初二开始发力。高一开始超越，高二领跑，高三夺冠。

问题来了，我如何做到让女儿在小学一年级一入学就在班上处于跟跑状态呢？答案只有一个：在孩子入学前坚决不学任何上小学一年级才应该学的知识和课程。要想做到这一点，并不容易。首先在家里要告诫所有家人包括爷爷奶奶姥姥姥爷以及七大姑八大姨，谁也不能给孩子泄露一年级才应该知道的知识，比如 10 以上的数数，比如 1 加 1 等于 2。其次，孩子不能上幼儿园，幼儿园很可能违反教育部的规定提前教孩子小学一年级的课程。

我还记得我带女儿到小学入学报名时，老师问我女儿 3 加 3 等于几，女儿摇头。那老师诧异地看我。我更诧异地看老师，然后问老师：你们学校不教 3 加 3 等于几？教育部禁止小学"非零起点教学"，我理解零起点教学就是老师告诉学生 0 加 0 等于 0。

我的女儿在上小学前没有接触过任何古诗，一句英语不会，只知道 1 到 10 的数字，之后就不知道了。除了自己的名字，不认识任何字。我的女儿以这样的水平进入小学，一上学她的学习成绩就是全班垫底。由此她开始苦练追赶的功夫。目前，女儿初三毕业。她从初二开始超越，初三期末时，已经"嗨奥诺若"了。我不会英语，因为给女儿写教育日记，知道了这句英语。原文是"High Honor Roll"，有不对的地方，请在座的各位英语大师纠正。我预测，女儿在高三毕业时学习成绩会是全年级第一。当然，除非她所在的学校出现了爱因斯坦、钱学森、哈雷的转世神童。

我还记得女儿5岁时，一天我带她在楼下玩，另外一位同龄女孩儿和我女儿一起玩。我和那位女孩儿的妈妈站在旁边监护。那位女孩儿吃完糖将包装纸扔在地上。我女儿将那包装纸捡起扔进身边的垃圾桶。过了一会儿，那女孩儿问我女儿知道5加5等于几吗？我女儿摇头。女孩儿的妈妈惊讶地问我，她真的不知道？我说她现在不需要知道这个。女孩儿的妈妈问我现在需要知道什么？我说需要知道不随手乱扔垃圾。

在女儿的强烈要求下，她上过两个月幼儿园，每天只去两个小时，避开上课时间，只参加游戏活动。不在幼儿园吃饭。我认为学龄前儿童正处于长身体的关键时期，幼儿园的饭可能对孩子长身体不利。我之所以同意女儿上两个月的幼儿园，目的一是体验，女儿长大后和小伙伴聊天时如果对幼儿园一无所知，不利于聊天继续；二是培养女儿从幼儿园回家后将在幼儿园的所有经历都告诉监护人的好习惯。

通过女儿上两个月的幼儿园，我的这个计划完成了。女儿直到初三，在学校的所有经历，下午回家都会向监护人娓娓道来。没有这个信息来源，我怎么可能为女儿写学校教育日记？

让孩子拥有逆向思维本领也重要，逆向思维属于学习方法的一种。我认为，先学爸，再学霸。我用和女儿玩游戏的方式培养她的逆向思维。游戏规则是这样：女儿依据传统思维给我出逆向思维的题目，我根据题目立刻当着女儿的面写一篇文章。比如《三个诸葛亮合成一个臭皮匠》，比如《树林子大，什么鸟都没有》，再比如《恨铁成钢》。这样的逆向思维题目，女儿给我出了几百个。这个游戏对培养女儿的逆向思维很有帮助。她出题，然后看到我如何通过逆向思维写出文章。

我现在给大家读几篇女儿出题我当场写的逆向思维的文章，第一篇是《三个诸葛亮合成一个臭皮匠》：

"三个臭皮匠合成一个诸葛亮"是流传很久的一句话，意思是说再笨的人，只要数量多，也会集思广益，产生智慧。那么，三个诸葛亮聚在一起，会产生什么结果呢？

聪明反被聪明误是三个诸葛亮加在一起的必然结果。试想，三个诸葛亮在一起谋划事情，一个比一个深谋远虑，一个比一个未雨绸缪，一个比一个高瞻远瞩，而世界上的事情都有其内在规律，是不以人的意志为转移的，一个诸葛亮足以正确窥见事物的规律，三个诸葛亮捆绑看事物，极有可能过犹不及，正应了《红楼梦》里那句话：机关算尽太聪明，反误了卿卿性命。

经常在媒体上看到这个词：智囊团。世界上不少国家的政府决策者配备有这样的机构。每当看到这样的报道，我都为那国家的掌权者捏了一把汗。智囊团，顾名思义，应该都是由诸葛亮组成的。这么多诸葛亮集中在一起，其对国家的祸害或者说贻误，是不可估量的。据说美国政府的智囊团最庞大，他们怎么没有预见到会发生"9·11"？还有20世纪末的亚洲金融危机，也没见哪个国家的智囊团发出报警。我们试想，如果智囊团全是由低智商的臭皮匠组成，一定能产生强大的智慧，为执政者提供高质量的智慧。如果真正为国家的前途着想，智囊团只能招收臭皮匠。

人生也是一样，适当聪明即可。如果聪明过了头，脑子里装着三个诸葛亮，事事都要占先，一点儿亏都不吃，到头来，您的人生结局只能是臭皮匠。

如果一个国家的人口全都由诸葛亮构成，世界上最先灭亡的，肯定是这个国家。

因为世界上的绝大多数傻事，是聪明人干的。

第二篇是《树林子大，什么鸟都没有》：

我以为，人和动物的区别，在于人和人之间有差异。正是人和人之间有差异，导致人成为地球的主宰。如果千人一面，大同小异，将是人类的末日。

我们的教育，应该是发现某个学生身上和其他学生不一样的地方，然后悉心呵护并助长他的这个差异，使其成为与众不同的人。如果每个学生都与众不同都有自己的特点，我们国家的未来就会快速发展。

遗憾的是，有时我们的教育者一旦发现学生身上有与众不同之处，不但不欣喜若狂反而忧心忡忡，他们不惜耗费时间和精力将学生身上的特点去除，把孩子塑造成千人一面逆来顺受的一统模子娃。每个孩子的遗传基因不一样，后天生活环境也不一样，我们却要用同一种教材同一种教育方法对他们施教，其结果必然是我们的民族在和他人竞争时没有活力，先天不足。

好的教育是用五十种方法教一个学生。差的教育是用一种方法教五十个学生。没有特点的孩子，无法在人生的路上展翅飞翔。不会飞的鸟，严格说就不是鸟。很担心我们徒有大的林子，却什么鸟都没有，落得个白茫茫大地真干净。但愿这是杞人忧天。

第三篇是《恨铁成钢》：

用"恨铁不成钢"形容时下不少家长对自己孩子的心情，应该不算夸张。家长要求孩子在童年时期就出类拔萃，不管干什么都名列前茅鹤立鸡群。在高压下，孩子获得知识的过程变成了痛苦的过程。对于迟迟不能变成钢的铁孩子，家长捶胸顿足气急败坏。

有个听似荒诞实则有理的说法：上帝分配给每个人的食物是有定量的，早吃完早撒手人寰，如果慢慢吃就能长寿。

科学家做过这样的实验：将老鼠分成两组，一组随便进食，另一组限量进食。前者的寿命大大低于后者。由此可见上帝配额供食的说法是有道理的。

我以为上帝分配给每个人出类拔萃的机会也是如此，在童年时期出人头地，成年后就难以为继了。要想在成年后扬名立万，您在童年时就悠着点儿。

纵观大师级的人物，除个别音乐家外，少有在人生的早期就出类拔萃的。爱因斯坦大学毕业时的成绩在全班排名倒数第二。爱迪生只上了一个月的小学就被劝退，从此他再没上过学。还有毕加索，还有达尔文。真正的天才都拥有强大的逆向思维，他们蔑视权威，不逆来顺受。

人的生命历程是有规律的，早出场就早谢幕，好事不会让您一人全占了。新汽车有磨合期，在磨合期，您得悠着点儿开，这样日后它才能飞驰给您跑出好成绩。如果您在新车幼年时（磨合期）玩命开它，它"成年"后就跑不动了。请回忆您成年后的小学同学聚会，昔日班上名列前茅者，今天风光还在的多吗？

如果您真想给功成名就人士当爹当妈，如果您真想拥有耀武扬威体面的晚年，您在孩子小时候要做的事，是恨铁成钢。出类拔萃这种事，还是姗姗来迟等到成年时再露峥嵘比较实惠。不能挣钱时耗费精力出类拔萃，等到挣钱时身心已然交瘁，不是得不偿失吗？

我这样一个只有小学四年级学历的工人，能写出近2000万字的作品，书刊销售近3亿册，我认为是逆向思维方式决定的。我认为加州理工学院是一座逆向思维的大本营。我今天从走进加州理工学院开始，灵感就层出不穷。加州理工学院的逆向思维气场很强大，因此才能群贤毕至。

我和韩愈到台湾

2018 年 3 月 22 日郑渊洁在台湾地区台中市小学的演讲

1991 年 4 月 4 日，只刊登我一个人作品的台湾版《童话大王》月刊在台北创刊。当时出版商邀请我来台湾出席创刊新闻发布会。我由于忙于写作《童话大王》月刊未能分身成行。在座的同学的爸爸妈妈小时候可能看过台湾版《童话大王》月刊。

郑渊洁在台湾

　　这是我第一次到台湾。至此，我已经走遍了全中国。

　　我小时候看《西游记》时，我想如果我能吃到唐僧肉就好了，据说吃了唐僧肉可以长生不老。

后来，我找到了不用吃唐僧肉也能长生不老的秘诀。有一个说法，人离开这个世界后，只要还有人记得他，他就没有死，他还活在人们的心中。我现在不是一个人来到咱们教室的，我还给各位同学带来一位1250岁的客人，他的名字叫韩愈。韩愈老师生活在唐朝，表面看他已经去世了，但是现在世界上还有很多人记得他，每天还在诵读他写的文章，所以韩愈还活着。

现在我已经把长生不老的秘诀告诉大家了，用你手中的笔写出千古文章，你就能长生不老了。

韩愈三次"高考"落榜，第四次才考上。韩愈是唐朝和宋朝写文章最好的八个人中的一位，而且韩愈在唐宋八大家里排名第一。

现在请韩愈老师给同学们诵读他写的千古文章《马说》。韩愈老师说他的唐朝口音可能大家听不太懂，那就由我给同学们朗读：

世有伯乐，然后有千里马。千里马常有，而伯乐不常有。故虽有名马，祇辱于奴隶人之手，骈死于槽枥之间，不以千里称也。

马之千里者，一食或尽粟一石。食马者不知其能千里而食也。是马也，虽有千里之能，食不饱，力不足，才美不外见，且欲与常马等不可得，安求其能千里也？

策之不以其道，食之不能尽其材，鸣之而不能通其意，执策而临之，曰："天下无马！"呜呼！其真无马邪？其真不知马也。

我现在给大家用讲故事的方式说一下这篇文章。

韩愈老师告诉我们，在我们这个星球上，是先有伯乐，然后才有千里马。千里马常有，而伯乐不常有。伯乐是艺名，他的真名叫孙阳。孙阳是春秋时代的人，据说这个人一眼就能看出是不是好马。

什么是千里马？我认为千里马能跨越咱们大安溪峡谷的裂缝儿，厉害吧？

韩愈老师又说，由于没有伯乐，千里马只能埋没在普通的养马人手下，和普通的马混在一起，到死也没人知道它是千里马。

千里马饭量比一般的马要大很多，这是因为它是千里马，千里马跑得远。但是养马人不知道它是千里马，只给它吃普通马的食物数量，由于吃不饱，千里马就跑不远。

养马人不按照千里马的待遇饲养千里马，千里马只能嘶鸣想让养马人知道它是千里马，可是养马人听不懂千里马的话，只会拿着鞭子冲千里马喊道：为什么天下没有千里马呢？韩愈老师感叹道，明明是你有眼无珠不认识眼前的千里马啊。

韩愈老师的《马说》讲完了。

韩愈老师刚才悄悄对我说，他观察了咱们的世界，他想把《马说》改写一下。大家有兴趣听吗？好，我告诉大家。

新版《马说》是这样的：爸爸妈妈和老师感叹孩子们太笨，他们中间没有天才。天才的特点是想象力丰富，爱胡思乱想，爱走神儿。

天才思索时，表面看他坐在那里发愣，其实，他的思维的千里马正在脑海里驰骋。而每当这个时候，爸爸妈妈或者老师就会冲着孩子嚷嚷：你发什么呆呢？难道精神集中对你就那么难吗？

天才为自己申辩，爸爸妈妈和老师听不懂，他们想，这个孩子太笨了，还强词夺理，我怎样才能望子成龙和桃李满天下呢？明明是爸爸妈妈和老师不认识天才啊。

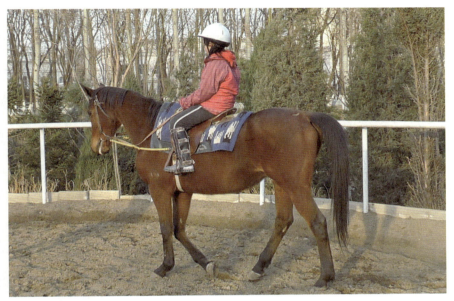

郑渊洁的女儿郑亚飞

　　不论哪个时代的人看这篇文章都有共鸣，这就是千古文章。
　　我看到咱们这所学校有个规定，午餐后，所有学生必须刷牙。这是我第一次见到这样的学校，我认为，让学生养成餐后立即刷牙的习惯比学知识重要。知识更新非常快，而学生嘴里的牙几乎不更新，是学生一生的陪伴。

当鲁西西遇到"卤西西"

2018 年 12 月 14 日北京知识产权法院审理"卤西西"商标侵权傍名"鲁西西"

违反社会主义道德风尚破坏社会公序良俗案庭审时郑渊洁的陈述词

从 2006 年开始，无数读者向郑渊洁举报北京某企业傍"鲁西西"利用谐音使用"卤西西"商标销售鸡腿等熟食。2017 年 5 月 25 日上午，郑渊洁亲自到国家商标评审委员会递交对"卤西西"商标的无效宣告申请。

2018 年 7 月 11 日，国家商标评审委员会宣告"卤西西"商标无效。国家商标评审委员会宣告"卤西西"商标无效的理由是："卤西西"商标的主要认读部分文字"卤西西"与郑渊洁创作的童话作品中的主人公名称"鲁西西"呼叫相同、含义无明显区分，将其作为商标申请注册，其行为违背了诚实信用的社会主义公共道德准则，损害了郑渊洁的合法权益，破坏了社会公序良俗，易使消费者对"卤西西"商标使用的商品的出处产生误认并产生不良之社会影响。

"卤西西"商标被国家商标评审委员会宣告无效后，该企业不思停止侵犯知识产权，而是将其诉至北京知识产权法院。

2018 年 12 月 14 日上午，北京知识产权法院审理"卤西西"侵权傍名"鲁西西"违反社会主义道德风尚破坏社会公序良俗案。郑渊洁到庭发布陈述词并在庭审结束后接受众多媒体采访。

2011 年 2 月 10 日，央视著名少儿节目主持人月亮姐姐在主持鲁西西 30 岁生日庆典时说，鲁西西是她童年的偶像。像月亮姐姐这样将鲁西西作为偶像的中国少年儿童数以亿计，和鲁西西相关的我的书刊销量超过 3 亿册。今天在场的法官、律师、记者等，童年也许知道鲁西西和皮皮鲁的故事。

2016 年的一天，我在北京一家超市被一女推销员拦住，她拿着牙签和一个装有食物的纸盘对我说："先生，请品尝卤西西。"由于"卤西西"和"鲁西西"呼叫发音完全相同，在我听来，就是"请品尝鲁西西"。见我摇头，她又说："您不喜欢鲁西西肠子？我给您换鲁西西锁骨？"

郑渊洁在"皮皮鲁和鲁西西 30 岁生日庆典"上

商标保护的根本功能在于区分商品来源，从而避免相关公众在挑选商品时产生混淆和误认。

此前，无数读者向我举报一家生产卤肉的企业为其卤制熟肉取了与我原创的知名文学角色"鲁西西"呼叫完全相同的名字，读者问我，我和卤肉熟食"卤西西"是什么关系？还有读者质问我，为什么拿他们喜爱的被誉为"中国第一民族童话女生品牌"的鲁西西用于出产销售卤肉熟食？从众多读者质疑我为什么使用与"鲁西西"呼叫完全相同的"卤西西"经营熟肉食品能看出，"卤西西"由于与"鲁西西"呼叫完全相同，使得相关公众无法区分商品来源，从而使得相关公众在遇到"卤西西"时产生混淆和误认。例如"卤西西"在广播电台做广告时必然让相关公众产生混淆，误认是"鲁西西"，无法区分商品来源。利用呼叫完全相同的同音不同字方式侵犯知名文学角色名称和驰名商标之权益的行为，应该被制止。倘若有人注册"卖当劳"商标，难道不是侵权？

无独有偶，同音不同字的搭车还有广州某公司生产的一种名为"舒客"的牙膏，和"卤西西"的侵权方式如出一辙。有一个证据可以证明广州"舒客"牙膏是搭车行为，该公司同时还注册了第 17195498 号"舒克"商标。

"卤西西"律师说，为熟肉食品起名"卤西西"源于创始人的女儿小名叫"西西"，是创始人爱女心切。稍有汉语常识的人都知道，在汉语词汇中，卤肉的"卤"和油炸、烧烤、煎熬是同义词。哪位母亲会将自己心爱的女儿的名字和油炸、烧烤、煎熬是同义词的卤肉腌制品相提并论组合捆绑在一起甚至注册商标昭示天下？真正爱女儿的妈妈，一定会将心爱的女儿的芳名和吉祥的汉语词语珠联璧合，比如"香西西""甜西西""美西西""爱西西"。

退一步说，不管"卤西西"方为卤肉熟食起名"卤西西"的初衷是什么，由于呼叫完全相同，在客观市场效果上，其卤肉制品搭车了我的知名文学角色"鲁西西"，侵犯了我原创的知名文学角色的在先权益。如果"卤肉"的"卤"的"卤西西"的名称早于我在 1981 年 2 月 10 日原创的知名文学角色"鲁西西"哪怕一天，我今天绝对不会出现在这个法庭上。我会毫不犹豫地将我的"鲁西西"改名。一个有创新能力的人或企业,绝不会步人后尘拾人牙慧,吃别人嚼过的馍。今年 10 月 11 日,我应邀出任上海人民检察院庭辩大赛评委。我在点评一位检察官时说:"我之所以把票投给你,是因为我听到你说了一句我从来没听过的汉语组合。我尊重有创新能力的人,我鄙视剽窃、抄袭、模仿之辈。"

至于刚才"卤西西"律师说作家只享有原创的知名文学角色的著作权,不享有该知名文学角色的商品化权,这个观点会让法律界人士贻笑大方。当"卤西西"律师说出这番话时,我想,该不会连律师也是山寨的吧?

刚才"卤西西"律师说,在"卤西西"2006 年注册商标时,鲁西西在中国还没有影响力。我原创的鲁西西于 1981 年问世,到 2006 年时,有关鲁西西的书刊发行量已经逼近两亿册。1993 年 5 月 27 日,我在长沙袁家岭新华书店连续签售长达 10 小时,现场人山人海。签售出 1 万本和鲁西西有关的图书。

2018 年 11 月 23 日《人民日报》刊发长篇文章《郑渊洁童话"长销"的思考》,分析从 1978 年开始童话创作至 2018 年的 40 年期间,郑渊洁童话图书的销量逐年递增从无下降,其作品影响了中国 70 后、80 后、90 后、00 后、10 后五代读者的原因。

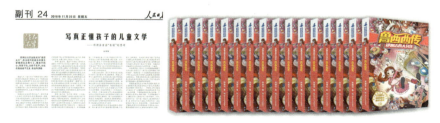

《人民日报》刊发长篇文章

有一件事可以证明恶意注册"卤西西"侵权"鲁西西"并非偶然，其有"搭车"侵权的"前科"：2012 年 9 月 4 日《北京晨报》报道"卤西西"通过山寨"周黑鸭"不正当经营。《北京晨报》指出，"卤西西"原为"周黑鸭"的加盟商，在掌握了"周黑鸭"的制作工艺和配方后，起名"卤西西"另起炉灶。配方盗用"周黑鸭"，商标利用谐音盗用"鲁西西"，从里到外自始至终都靠侵犯他人知识产权从事不正当竞争。《北京晨报》在报道"卤西西"搭车"周黑鸭"时还指出，"卤西西"的销售人员对消费者说，"周黑鸭"现在改名叫"卤西西"。"周黑鸭"公司不得不于 2012 年 5 月 6 日在其官方微博痛斥"卤西西"使用"混淆视听"的卑鄙手段经营。由此可见，"卤西西"通过恶意注册"卤西西"傍"鲁西西"，通过投机取巧窃取他人劳动果实的不正当竞争方式经营，由来已久，有一贯性，违犯了修改前的《商标法》第十条第一款第八项。法院理应依法制止"卤西西"不正当竞争行为，支持被诉裁定。

媒体报道

"卤西西"律师认为国家商标评审委员会宣告"卤西西"商标无效适用法律不当。我认为，国家商标评审委员会宣告"卤西西"商标无效引用修改前的《商标法》第十条第一款第八项完全正确，符合法律规定和商业秩序以及营商环境的稳定。知名文学角色名称本身蕴含巨大商业利益，其商品化权被称为注意力经济，能极大促进商品销量。原创者为创造知名文学角色，付出了常人难以想象的艰辛劳动，例如我从 1986 年开始每天早晨 4 点半起床写作，至今已经坚持 32 年。如果放任他人将其原创的知名文学角色恶意注册商标用于销售商品，无疑违背社会主义道德风尚和公序良俗。我认为"卤西西"方将修改前的《商标法》第十条第一款第八项片面视为"兜底条款"不妥，我认为该条款属于"底线条款"，约束经营者注册和使用商标时有底线，诚信经营。不违背社会主义道德风尚和公序良俗是企业经营的底线。我认为，如果"卤西西"方使用"鲁西西"作为商标卖卤肉，国家商标评审委员会对其无效宣告时动用《商标法》第十条第一款第八项可能不妥。但是"卤西西"方使用与"鲁西西"文字不同呼叫完全相同的"卤西西"作为商标销售卤肉，就属于挖空心思地欺骗消费者行为。欺骗行为绝对属于破坏公序良俗，这种行为败坏社会风气，其商品销量越大，越破坏公序良俗，导致世风日下，营商环境恶劣，不正当竞争甚嚣尘上。

　　"卤西西"律师辩称"不良影响"指"可能对我国政治、经济、文化、宗教、民族等社会公共利益和公共秩序产生消极、负面影响"。"卤西西"律师认为"卤西西"商标没有产生上述不良影响。1984 年 12 月 19 日，时任英国首相撒切尔夫人在会见邓小平时说，中国如果想成为真正意义上的强国，还需要做一件事。邓小平问是什么。撒切尔说真正的强国不单看经济和军事实力，还要看文化实力。自此，中国领导人将构建国家文化实力作为强国战略。文化实力靠什么构建？靠原创者原创出众多经典文学作品、影视作品、美术作品等等。而保护知识产权是激发原创者巨大创造力的关键。2018 年 4 月 26 日，我应邀到国家知识产权局演讲，我在演讲中说我认为国务院有两个部门最重要：国防部和国家知识产权局。我说国家有两支军队，一支是拿枪的解放军，另一支是不拿枪的知识产权保护队伍。这两支队伍能让国家真正强大。我从 1978 年开始写作，在这 40 年中，我有 30 年在疲于奔命保护知识产权，少写了多少作品！ 2017 年 4 月 20 日，我应邀在 2017 中国知识产权保护高层论坛做题为《原创七宗罪》的演讲，我讲述了自己写作数十年来被侵犯知识产权处于四面楚歌八面埋伏的窘境。《原创七宗罪》被称为"中国原创者维权宣言"。《原创七宗罪——郑渊洁演讲集中英文版》出版后，在国内外产生影响。

郑渊洁向智利驻华大使海梅·乔马利·加里布赠送《原创七宗罪——郑渊洁演讲集中英文版》

郑渊洁向越南驻华大使邓明魁赠送《原创七宗罪——郑渊洁演讲集中英文版》

郑渊洁在坦桑尼亚向世界著名动物学家珍妮·古道尔赠送《原创七宗罪——郑渊洁演讲集中英文版》

如果任凭"卤西西"一再使用如 2012 年 9 月 4 日《北京晨报》报道的那样通过合作加工窃取"周黑鸭"配方、再利用谐音傍知名文学角色"鲁西西"靠投机取巧窃取他人劳动果实经营，我国何时才能拥有强大的文化实力？而没有强大文化实力的国家不可能成为真正意义上的强国。恶意注册的"卤西西"商标难道不是有悖社会主义道德风尚，难道不是有违公序良俗，难道不是造成了不良影响？这岂能是靠"第三人特定民事权益"就可以避重就轻逃避法律的约束和惩罚？正如"卤西西"律师所言，不良影响包括对我国文化产生消极、负面影响。恶意注册使用"卤西西"傍名中国童话民族品牌第一女生"鲁西西"，难道没有对我国文化产生消极和负面影响？

"卤西西"律师辩称除了诉争商标外，还有其他企业注册的第 14756526号、第 15157876 号"卤西西"商标安然无恙。言外之意是郑渊洁为何只对涉本案的"卤西西"诉争商标维权而对其他企业恶意注册的"卤西西"商标熟视无睹？这样的举证出现在庭辩中，让人啼笑皆非。打个比方，某人因盗窃他人财物被警方抓获，在审讯时他振振有词说昨天还有两人盗窃你们怎么不管？干吗只抓我？警方会因此无罪释放他吗？

满足一下"卤西西"律师的好奇心：之所以我还未对那两家企业恶意注册的"卤西西"商标提无效宣告，是因为目前共有 191 个侵犯我的知识产权恶意抢注的商标，我需要循序渐进排队依次维权，本案结案后，就轮到我向第 14756526 号和 15157876 号"卤西西"侵权商标维权了，法律会像对待诉争商标这般公正裁决。在知识产权领域，那句成语同样适用：天网恢恢，疏而不漏。再化用一句影视剧台词：出来侵权，迟早是要还的。因为国家保护知识产权的力度越来越大。

国家商标评审委员会宣告"卤西西"商标无效后，全国近百家媒体予以报道。2018 年 8 月 8 日新华网报道说："卤西西"这种利用相近字形、相似字音打擦边球的侵权行为并不少见。足以使消费者将被控侵权产品与原告建立联系，从而造成对商品来源的误认，构成商标侵权及不正当竞争。8 月 1 日，市场监管总局发布通知，要求各地监管部门实施全链条打击，将包括"傍名牌"在内的制售假冒伪劣商品、其他商标侵权、相关虚假宣传和违法广告等违法行为，列为重点打击目标。

"卤西西"律师刚才称"卤西西自 2006 年创始至今日已有 10 多年的历史，拥有上千家直营店和便利店网点，单是 2014 年销售额就超过 4000 万元"。"卤西西"在不长的时间取得如此大的"业绩"，并非通过正当竞争经营，而是通过不正当竞争方式如使用他人配方（周黑鸭）、靠谐音傍名他人知名文学角色"鲁西西"致富,从反面证明了"周黑鸭"配方的舌尖上的魅力和"鲁西西"的巨大影响力。

"卤西西"律师列举诉争商标的销售额作为证据,尽显法律常识缺失。打个比方,有人因盗窃被警方抓获,在审讯时,盗窃者向警方炫耀自己所窃赃物数量特别大,警方会因为盗窃数量特别大而无罪释放他?

我保留依据《中华人民共和国民事诉讼法》《中华人民共和国侵权责任法》和《中华人民共和国商标法》的相关规定,依据侵权销售额依法诉讼向被答辩方索赔的权利。众所周知,侵权索赔案对于侵权营业额取证难度极大。而侵权索赔标的是根据销售额确定的。感谢"卤西西"律师提供了白纸黑字写在起诉状中的权威的无可辩驳的销售额证据。单是2014年"卤西西"超过4000万元的销售额就可以索赔标的数百万元。

"卤西西"案庭审结束后,郑渊洁接受媒体采访

"卤西西"律师辩称"卤西西"商标已使用7年,不应被宣告无效。

郑州某餐厅注册的第 3302660 号"皮皮鲁"商标已经使用了 14 年并续展一次，依然因侵权被宣告无效。国家法律在保护商标知识产权方面，没有遥不可及的时间长度，所有侵权者距离无效宣告都是一步之遥。邪不压正，企业守法经营，法律对你鞭长莫及；企业侵权违法经营，法律就是悬在你头上的达摩克利斯之剑，分分钟让你焦头烂额。你经营的时间越长、销售额越大网点越多，你面临的索赔数额就越大，甚至株连到替你销售侵权产品的经销商，它们都会依法承担赔偿责任。《中华人民共和国侵权责任法》第九条规定，帮助他人实施侵权行为，应当与侵权行为人承担连带责任。

饮食健康直接关系到人的健康，卤肉食品因其在腌制过程中产生亚硝酸盐被世界卫生组织列为致癌食品。从健康角度，卤腌食品不适合任何人群食用。"卤西西"卤腌熟肉的主要消费群体是年轻人，在这个群体中，童年不知道"鲁西西"的应该不多。使用与消费者童年熟知的知名文学角色名称"鲁西西"呼叫完全相同的"卤西西"销售卤肉制品，是对消费者健康的不负责。事实上，由于经常食用接触卤肉制品罹患癌症英年早逝的大有人在，令人扼腕。

我正在写一套让读者从小养成健康饮食习惯的童话丛书，丛书总名称是《鲁西西远离魔鬼食品》。第一本是《鲁西西远离碳酸饮料》，还有《鲁西西远离油炸食品》《鲁西西远离甜食》《鲁西西远离冷饮》等等。最近我调整了写作计划，第一本改为《鲁西西远离卤腌食品》。我通过故事让读者终生远离对健康不利甚至致癌的卤腌食品。我的这套书预计销量会超过 300 万册。

我在作品里有句话：世界上所有事都是由好坏拼插而成。我这次商标维权，对侵权方不是坏事。2013 年 3 月，某体育用品公司计划挂牌上市，发行 1.12 亿股，筹 10 亿元。但就在上市的前一个月，美国篮球明星乔丹诉其商标侵权，导致到现在已经过去 6 年了该企业依然无法上市。"卤西西"侵权方现在遭遇我商标维权，与那家公司上市一个月前遭遇美国球星乔丹商标维权相比，绝对属于因祸得福。

我认为此案的判决具有里程碑意义：如果北京知识产权法院判决国家商标评审委员会胜诉，今后在商业领域山寨、傍名牌，如"老于妈""大日兔""六禾核桃"等不正当竞争行为将得到有效遏制，相当于从法律层面对经营领域有违诚信的山寨、傍名牌不法行为亮红灯，势必极大改善我国的营商环境。反之，卤肉商贩用"卤迅"商标卖肉则是迟早的事。

作为作家，我几乎已经能背诵《中华人民共和国商标法》。这是光彩的事吗？作为作家，难道不应该背诵《长恨歌》吗？

昨天，最高人民法院公布知识产权纠纷行为保全新规。被侵犯知识产权的权利人可以在诉前申请法院强制侵权方停止销售侵权产品。由此可见，国家保护知识产权的力度越来越大。

谢谢审判长。谢谢人民陪审员。

┃后记

　　北京知识产权法院审理"卤西西"侵权傍名"鲁西西"违反社会主义道德风尚破坏社会公序良俗案引起数百家媒体高度关注。人民网、新华网等数百家媒体报道了这起案件。

人民网、新华网等数百家媒体报道北京知识产权法院审理"卤西西"侵权傍名"鲁西西"违反社会主义道德风尚破坏社会公序良俗案

"卤西西"侵权傍名"鲁西西"违反社会主义道德风尚破坏社会公序良俗案引起数百家媒体高度关注

什么是"性价比"高的家庭教育

2019 年 1 月 11 日郑渊洁在全球华人教育家大会上的演讲

我们每天都要遇到不同的事，有的事成为过眼云烟转瞬即逝，有的事能让我们回味很长时间。

去年我遇到的这样一件事，给我留下印象。和我有业务来往的一家公司的两位员工由于工作需要和我有联系。通过接触，我自然会对员工的能力有所评判。

其中一位员工和我联系之前，总经理向我介绍说，这位员工对工资没有高要求，月薪 3600 元就很高兴。我和该员工接触后，我对她的工作各方面都很满意，因为我觉得月薪 3600 元能干成这样真的不错，于是我对她总是赞扬。由此她的工作越做越好，好到连我都觉得如此工作能力和工资不匹配后，我就对那家公司的总经理说，应该给人家涨工资啊。于是该员工的工资直线上升。

另一位员工是开出高薪条件进入公司的。我和其接触后，会下意识拿高工资衡量其工作，这好比一位新导演拍砸了电影，观众可能不特别失望，但如果是一位著名导演拍砸了电影，观众就难以接受是一个道理。基于这样的心理，我对那位员工的工作就用与高薪匹配的高标准要求，不满意多于满意，于是批评多于表扬，由此那位员工的工作能力越来越差。别说加薪，连职位都难保。

后来我仔细分析这件事，第一位员工的能力真的比后者强吗？应该差别不大。那我为什么对前者表扬多于批评、对后者批评多于表扬，最终导致前者工作能力大大提高、后者工作能力直线下降呢？这就是性价比的魔力。其背后隐藏的道理是人们普遍认同物有所值。

郑渊洁在电影《驯兔记》中客串角色

在家庭教育上寻求高"性价比"能让我们在对孩子实施家庭教育时事半功倍。如果我们对孩子期望值过高，就像刚才那位拿高薪的员工，我们会怎么看孩子都不顺眼，就像我看那位高薪员工，不管其做什么，我都会拿其高工资衡量，总觉得其做得还不够。我们对孩子期望值过高，就会对孩子批评多于表扬，让孩子手足无措，越做越差。我们对孩子的期望值低，就会赞美多于指责。赞美多了，孩子自然进步快。我多次说，人性的本质是渴望欣赏。

我曾经这样自嘲过，我说我的作品之所以销售出 3 亿册，并不是因为我写得多好，而是因为我只上过小学，读者拿作者的学历和作品一比，感觉小学生能写成这样，真的很不错。如果我是大学毕业，写成这样，就没人看了。虽然是玩笑话，但也说明期望值能左右判断。

说到期望值，家长只应该对自己期望值高，不应该对孩子期望值高。您对自己期望值高了，您会努力工作在事业上大展宏图，这对孩子是最好的教育。最好的家庭教育是身教。

郑渊洁在演讲现场

我们来看看身教的效果。我从 16 岁开始没再花过父母的钱。于是，我的孩子成年后也不再花我的钱。试想，如果我成年后依然心安理得花父母的钱且不以为耻，孩子在成年后也会模仿继续花父母的钱还会认为是天经地义，甚至觊觎爷爷奶奶靠固定工资省吃俭用积攒的屈指可数的毕生积蓄。此类孙辈的一大特点是不要钱不会去看爷爷奶奶姥姥姥爷。作为孙辈，就算非得觊觎隔代前辈的钱，起码也应该在不要钱时每周至少看望一次爷爷奶奶姥姥姥爷。产生如此不肖子孙归根结底是其父母对孩子进行了错误的身教。如今压岁钱也失去了原本的意义，成为晚辈"打劫"长辈钱财的方式。我认为对于只靠退休金过活的长辈，晚辈拿超过 500 元的压岁钱就是不孝。

郑渊洁和女儿郑亚飞

我们知道喝酒能喝醉，我认为说话也能说醉。有的家长和孩子在一起时，话特别多，不是和孩子聊天时话多，而是教训孩子的话多。这样的话，能把家长自己说醉了，导致自己不清醒了。也能把孩子说醉了，把孩子说晕了，说烦了。在对孩子进行家庭教育时，如果家长不学会闭嘴，孩子会不再对您张嘴说话，您就营造了和孩子同在一个屋檐下形同陌路的家庭环境。

孩子不愿意和家长说话，是家庭教育失败的标志，不管孩子长到多大。

如果让我只用两个字形容"性价比"高的家庭教育，我认为这两个字是"身教"。如果让我用四个字形容家庭教育，我认为是"身教"和"陪伴"。

陪伴是高"性价比"家庭教育，无须花钱，关上您的手机，和孩子一起亲子阅读，一起玩游戏，一起聊天。高质量的陪伴的关键是平等，家长不居高临下。

在孩子上学期间接送孩子也是一种陪伴。郑亚旗上小学期间，我风雨无阻接送了他6年。郑亚旗上小学三年级的一天中午，我在学校门口等他放学，那天下午不上课，所以我们早晨约好了下午出去玩。我接到郑亚旗时，他的班长走到我们身边，我还记得那小班长姓吴。

郑渊洁和郑亚旗

吴班长对我说，郑亚旗上课时因为和同学说话被老师批评了。我假装没听见。小班长加大声音对我说："叔叔，郑亚旗上课说话，被老师批评了。"

我故意不理她，大声对儿子说："亚旗，下午咱们去什么地方玩？康乐宫还是动物园？"

小班长特别惊讶，因为我听到这个信息的时候无动于衷，于是她再次提高嗓门儿："叔叔，郑亚旗挨老师批评了！"

我问小班长："是老师让你告诉我这件事儿的？"

小班长说："不是。"

我问她："那你为什么要告诉我？"

小班长说："我有责任将同学的表现告诉家长！"

我露出惊讶的表情。

我问小班长："你每次向家长通报同学在学校挨老师批评的信息后，家长都会当着你的面批评同学吧？"

小班长点点头。

我说："喜欢通过自己的劳动导致同学被家长骂，这种品质和上课说话比起来要坏很多。以后你不要再向我汇报郑亚旗在学校的表现了，因为在我眼里，他是最好的孩子。本来我准备下午给亚旗买一个 200 元的玩具，现在由于你的汇报，我要给他买 1000 元的玩具。"

说完，我开车拉着儿子绝尘而去，只留下目瞪口呆的小班长。

国人对这种做法有一个贬义词，叫"护犊子"。但在我看来，当孩子遇到困境和难堪时，父母一定要站在孩子一边。顾及面子永远是家庭教育的杀手，当着外人的时候，家长一定要拉得下脸和自己的孩子结成固若金汤的统一阵线。这是顶级陪伴。

郑渊洁在演讲现场

　　有一次，我家的洗衣机出了故障，维修人员来了一眼就看出洗衣机底部的一侧被一块小木板垫高了，原来，这台洗衣机的顶端有坡度，我妈妈拿和洗衣机比邻的水池子和洗衣机顶部比较，她发现洗衣机不平，于是找了小木板垫在洗衣机下部将洗衣机顶部与水池子持平，导致洗衣机倾斜。洗衣机内部设置有保障机制，如果洗衣机倾斜换句话说不能保持水平，洗衣机就拒绝工作。我们想想，连洗衣机这样的没有生命的物件都必须平等才能工作，何况孩子。

家长陪伴孩子时，一定要平等，这才是陪伴，否则不属于陪伴，是监管。

不要对孩子考试分数低发愁。我观察，所有企业为降低成本裁员时，几乎都是先拿工资高的员工开刀。不知道高分和高薪之间有没有内在联系。

舒克贝塔帮我抓贼

2019 年 10 月 15 日郑渊洁在与英国阿尔宾中学学生见面会上的演讲

除了写作，我也喜欢收藏。我只收藏三种东西：未成年人的签名；读者来信；我自己写作的绝版书。

绝版书就是不再印刷的图书。绝版书由于不再印刷，随着时间的推移，可能升值。2007 年 1 月 10 日，一本 1985 年出版的原价两角八分的《童话大王》杂志创刊号，在北京一个拍卖会上拍卖出 10 万元的天价。这就是绝版书刊升值的轨迹。

常见名人被粉丝索要签名。而我见到孩子，总会向孩子索要签名。这样的签名簿我收藏了不少。试想，如果世界上哪位收藏家收藏有毕加索、爱因斯坦或李白 7 岁时的签名，估计他会很牛。我收藏孩子们的签名，就是做这样的梦。我相信我能成功。

天下收藏家应该都怕收藏品被贼偷走。同学们来自苏格兰，对于发生在 2003 年 8 月 27 日的那次苏格兰德拉姆兰里戈城堡的价值 6500 万美元的达·芬奇名画《圣母玛利亚与亚恩温德》被盗应该不陌生。达·芬奇这幅画创作于 1501 年。据说窃贼是花几英镑佯装成游客进入城堡的。

我在北京有一套房子专门用来收藏我自己写作的绝版书。我从 1978 年开始写童话，迄今已经出版过数百种图书和 470 期《童话大王》月刊。那套 200 平方米的房子里收藏了 1 万多本我写作的绝版书刊。

窃贼在今年 7 月盯上了我收藏的这些绝版书。由于我的这套房子尚未售票，窃贼无须像苏格兰盗窃达·芬奇原画的贼那样购票后光明正大进入城堡。窃贼蹲守数天后发现这座房子没人，于是在光天化日之下撬锁然后换了他的锁，便于多次往返盗窃，在 8 月 15 日骗过小区保安用大货车数次运走超过 1 万本绝版书。

这座房子，我已经有 7 个多月没去过了。大家都知道，能否破案，和案发多长时间发现有很大关系，发现得越早，破案率越高。这和癌症发现得早治愈率高一个道理。

同学们可能为我担心了，您都 7 个多月没去过那座房子了，什么时候能发现被盗呢？如果再过几个月才发现，破案难度会很大。

8 月 16 日，我的儿子郑亚旗给我打电话，他问我，他的一辆折叠自行车是不是存放在收藏绝版书的那座房子里。我说应该是。郑亚旗告诉我，他要去美国参加火人节，需要这辆自行车随他一起去美国体验火人节。我问他什么是火人节，他给我扫盲。我说干吗体验火人节。郑亚旗说他在导演动画片《舒克贝塔》，舒克贝塔有去外星球的经历，他认为火人节的现场很接近外星球，作为导演，他需要灵感。

我第一次知道由郑亚旗导演《舒克贝塔》，说实话，我为他捏一把汗。没学过导演不是导演科班出身的他，一旦拍砸了，肯定背坑爹的锅。

我说我现在去那所房子给你拿折叠自行车，你给我准备几集《舒克贝塔》样片，我看看。

我驱车到了距离不近的那所房子，掏出钥匙开门。奇怪，钥匙插不进门锁。大家已经知道了，窃贼换了我的门锁。大家可能同时在惊叹我的运气：7 个多月没去过的房子，我在窃贼偷窃的第二天竟然就去了！

我多次尝试将钥匙插入门锁都失败后，我认为自己拿错了钥匙。我离开那所房子回到住所，我决定不再帮郑亚旗拿自行车了，我告诉他，你去美国租辆自行车去外星球吧。

次日上午，也就是今年 8 月 17 日，我用怀疑的眼光开始看郑亚旗导演的动画片《舒克贝塔》。让我大吃一惊，我没想到郑亚旗导演出颇为精彩的《舒克贝塔》动画片。兴奋之余，我决定奖励他：今天再次去那所房子给他拿一次折叠自行车，支持他去美国骑着自行车去外星球，找舒克贝塔去双子星的感觉。

郑亚旗拍摄的 2019 年火人节

我拿了很多把钥匙去那所房子。结局不言而喻，依然打不开门锁。我警觉了，想起了苏格兰的《圣母玛利亚与亚恩温德》。虽然两者价值相去甚远，但是对于我，我收藏的自己创作的绝版书，就是我的《圣母玛利亚与亚恩温德》。于是我打 110 报警。警察叫来开锁公司开锁。警察让我往脚上套了塑料袋进屋查看。1 万多本绝版书荡然无存。还有字画。

北京市公安局刑警队的刑警们手持先进的侦破仪器进入这所房子寻找窃贼的蛛丝马迹。不到 24 小时破案，抓获犯罪嫌疑人。然后，警察们又奔袭近千公里，从安徽、河北等地追回了被盗的 1 万多本绝版书和字画。

警察押送犯罪嫌疑人（右一）指认盗窃现场

那几天，北京刑警们随时和我保持联系，让我见识了他们的智慧和辛劳。

刑警们告诉我，破案之所以如此之快，和我在被盗的次日就去那所房子有很大关系。当然，警察也告诉我，即使我几个月后再发现，警方也能破案。这些绝版书，窃贼不会放在家里收藏，肯定会出售。只要图书市场上一出现，警方就能顺藤摸瓜抓获窃贼。只不过，那时追回所有被盗绝版书的难度就非常大了。

之所以不到 24 小时破案，除了刑警的出类拔萃，我认为和郑亚旗用心导演出让我满意的动画片《舒克贝塔》也有关系。这件事告诉我，做事要用心、认真、敬业。把事情做好，机会就多。包括抓窃贼。试想，如果我在 8 月 17 日上午看郑亚旗导演的《舒克贝塔》动画片样片时，我对他导演的这部《舒克贝塔》动画片不满意，我当天会去那所房子给他拿自行车吗？也许到今天我都不知道我收藏的绝版书被盗了。

还有一件没想到的事。失窃的字画需要专家鉴定价值。这些被盗的字画里，也有一些我的毛笔字。2013 年 11 月起，我曾经用毛笔写作了一段时间。在我失窃的字画中，不乏书画名家的作品。没想到，鉴定专家认定我的那几张毛笔手稿价值最高，理由是市场上从来没有我的毛笔字。

自认为不会写毛笔字从没临过帖的我，这些天直接往裱好的横幅或立轴上写毛笔字，我不写古诗名言，只写自己当天的日记，还会配上照片。像我这种毛笔字配照片的写法，不知道是不是独创。我给这样的写法起名为"郑渊洁毛笔配图日记"。今天的"郑渊洁毛笔配图日记"会出现我用毛笔记录的现在和英国阿尔宾中学的同学们的交流，也会出现咱们交流的图片。有意思吧？毛笔字也应该与时俱进。

2020 年是我们中国的农历庚子鼠年，也是舒克和贝塔的本命年。我授权中国建设银行制作发行"舒克贝塔庚子鼠年压岁金",让从小看舒克贝塔长大的孩子为人父母后,用"舒克贝塔庚子鼠年压岁金"在春节时给自己的孩子发压岁钱。刚才说了,舒克贝塔帮我抓贼。除了入室盗窃的贼,对于我,还有另一种贼,是侵犯我的知识产权的贼。比如说,未经我授权,恶意抢注我原创的知名文学角色,例如"舒克贝塔",注册商标或者公司名称。

我在作品里说过,不管什么经历,都是作家的财富。

郑渊洁毛笔配图日记

郑渊洁在英国阿尔宾中学学生见面会上

造口守望者

2023 年 8 月 30 日在解放军总医院第七医学中心"造口生活体验沙龙"上的演讲

1954 年，北京名医刘润甫和山西医生郑锦云结为亲家。您可以百度"刘润甫"。1955 年 6 月 15 日，他们的孙子郑渊洁出生。我出生时，爸爸郑洪升是解放军石家庄高级步兵学校的哲学教员。当时我家是平房只有 7 平方米，屋里几乎只有一个大炕。我对这个世界最初的印象就是整天看我爸爸坐在炕上依着小炕桌看书写字备课，由此，我从小对看书和写字产生了崇拜心理。

　　我上小学第一次写作文是 1963 年，班主任赵俐老师留的题目是"我长大了干什么"。当时劳动模范时传祥是我的偶像，我就写了《我长大了当淘粪工》的作文。没想到被赵老师推荐刊登在校刊上，于是我产生了这个世界上我写文章写得最好的错觉。这个错觉让我长大后靠写作养家糊口。

　　我属于大器晚成的人。我 1963 年立下的当淘粪工的理想，隔了 60 年到了 2023 年才实现。2023 年 5 月，我爸爸因患肠癌以 92 岁高龄在解放军总医院第七医学中心医护人员的出色加持下成功闯关历时 7 个小时的肿瘤切除手术并接受了造口术。我决定放下所有事情，24 小时贴身照管老爸的造口，亲手为老爸更换造口袋，实现儿时的梦想，当好"淘粪工"。

　　我做到了。3 个月以来，我与爸爸形影不离，每次更换造口袋都由我操作。开始时，老爸会不好意思，显得尴尬。我认为作为造口人的家属，最重要的是通过细节让造口人有尊严，甚至因为接受造口术有优越感。我认为优越感是对付疾病的灵丹妙药，而沮丧自卑是损害身体的毒药。我就用毛笔写了《造口论》装裱后挂在家里的餐厅，爸爸看了特别受鼓舞。现在我给大家朗诵我的《造口论》：

何谓造口？人造出口也。出口与入口重要程度无异一进一出方显生命本色，只进不出停滞不前，只出不进无源之水。进口不慎失察导致出口险阻，所幸天无绝人之路山重水复柳暗花明造口应运而生，从此抛却便秘腹泻痔疮带薪大便摸鱼之烦恼，每每方便成为家人之节日，普天同庆展翅飞翔。粪便不再存储于体内腐蚀肠壁随时不辞而别外挂确保体内一尘不染，不再于化粪池与他人排泄物同流合污出淤泥而不染独善其身矣，实乃因祸得福也。

我给爸爸更换造口袋时从来不戴口罩，我认为戴口罩会让爸爸心理有压力，等于用肢体语言向他传递他的排泄物臭的信息。

为了体验爸爸的感受，从他接受造口术后，我几乎天天坚持佩带造口袋，我还会往我佩带的造口袋里装香蕉，体验负重感。我还会将爸爸用完的装满排泄物的造口袋取下后安装在我的造口底盘上，逼真体验造口人的感受。

我认为造口和造口周围的皮肤每天都应该有呼吸自由空气的权利，这样有利于造口以及周围皮肤的健康。虽然不能要求造口以及周围皮肤按照劳动法每天只工作 8 小时，但顶多也就是 996。我们知道，将底盘和造口袋去掉后，最担心的是排泄物随时不期而至。我的方法是让爸爸躺平，我坐在他身边观察他的造口，如果有排泄物越狱，随时缉拿。我将自己称为"造口守望者"。

最长的一次，我给老爸当过 6 小时的造口守望者，让老爸的造口和周围皮肤充分休息，以利再战。我是一个喜欢独处的人，我独处时思维活跃。成为造口守望者后，我目不转睛盯着老爸的造口，灵感层出不穷。老爸说，你不让我造口里的翔出来，你却灵感如泉涌，双标啊。

我发现，我给老爸去除造口袋给造口放风时，如果我和老爸一直聊天，造口会听得津津有味，绝不让翔打乱它的洗耳恭听。如果我和老爸都冥想默不作声相对无言，粪便随时会寻衅滋事让我这个造口守望者猝不及防。

于是，我给老爸晾造口时，我们就共同阅读一本书，互相朗读，然后交流读后感。这样的时刻，造口一片祥和。由此可见，亲人和造口人真情交流，能让造口变得循规蹈矩不越轨，甚至改邪归正以假乱真成为真肛门的继任者。每当这时候，我就想起小时候我躺在炕上看爸爸依着小炕桌读书写字。

饮食也很重要。我不给老爸吃癌细胞喜欢的食物，对癌细胞釜底抽薪，给它们断粮，饿死它们。我只给老爸吃好细胞喜欢的食物。

造口人外出散步，要对狗敬而远之。造口人的粪便对于狗是美食，嗅觉灵敏的狗为了大快朵颐会企图零距离接触造口人，可能对造口人造成惊吓。

我认为作为造口守望者对造口人的顶级照管有两个：一是成功训练造口人能控制大便；二是对造口用品进行颠覆性升级换代，改进造口人的生活质量，造福更多造口人。

作为造口守望者的我，最应该做的事，是通过故事寓教于乐，让孩子们使用饮食和好的生活习惯的武器终生远离肠癌，比如，不吃或少吃油炸、烧烤、卤腌食品，远离甜食和饮料，不吃外卖，不吃加工食品，控制体重，饭后让肠子蠕动起来，不要久坐，充足饮用白水，睡觉时要让肠子空空如也，每天至少大便一次，不让粪便腐蚀肠壁，等等。

通过照管老爸的造口，我发现造口用品有改进空间。造口用品实际上应该是便携式微型马桶。我准备申请造口用品实用新型专利。我曾经在1994 年拥有儿童早晚型牙膏专利，并据此授权企业生产销售了皮皮鲁早晚型牙膏，当时销量颇大，专利号是：93212096.2。

近日，国际造口用品巨头企业联系我寻求合作。2023 年 8 月 22 日，我和该企业的造口专家见面，探讨在改进造口用品提高造口人生活质量、关爱造口人特别是帮助经济拮据的造口人等方面合作的可能。

将目光从别人都注意的地方移开，去看没人看的地方，那里遍地是黄金。

本书内摄影照片除标注外，均由首席摄影师冯艳拍摄和提供

郑渊洁
演讲剪影

2005 年 5 月 10 日
郑渊洁应邀在北京大学演讲

2015 年 5 月 10 日
郑渊洁应邀在清华大学演讲

2006 年 7 月 23 日
郑渊洁应邀在中国移动演讲

2018 年 4 月 26 日
郑渊洁应邀在国家知识产权局演讲

2018 年 4 月 22 日
郑渊洁应邀在国家版权局演讲

2012 年 2 月 21 日
郑渊洁应邀在日本东京银座中学演讲

2015 年 9 月 24 日
郑渊洁在非洲肯尼亚一所小学演讲

2015 年 10 月 7 日
郑渊洁应邀在柬埔寨一所小学演讲

2006 年 2 月 25 日
郑渊洁应邀在北京人大附中演讲

2009 年 8 月 25 日
郑渊洁应邀在深圳招商银行演讲

2009 年 10 月 23 日
郑渊洁应邀在北京外国语大学演讲

2013 年 5 月 25 日
郑渊洁应邀在韩国演讲

2016 年 3 月 11 日
郑渊洁应邀在中国澳门菜农子弟学校演讲

2005 年 10 月 29 日
郑渊洁应邀在哈尔滨工程大学演讲

2016 年 3 月 11 日
郑渊洁应邀在澳门大学演讲

2011 年 9 月 23 日
郑渊洁应邀在深圳国际童书展演讲

2009 年 1 月 28 日
郑渊洁在北京流浪儿童关爱学校演讲

2009 年 9 月 15 日
郑渊洁应邀在深圳广电集团演讲

2006 年 11 月 27 日
郑渊洁应邀在北京教育学院为语文骨干教师演讲

2012 年 2 月 27 日
郑渊洁应邀在他曾服兵役的空军向塘机场演讲

2015 年 9 月 23 日
郑渊洁应邀在非洲加纳共和国演讲

2014 年 9 月 26 日
郑渊洁应美国帕萨迪纳艺术中心学院邀请，发表演
讲，同时与《阿凡达》《美国队长》等好莱坞影片
的特效设计师内维尔·佩奇和蒂姆·弗莱特瑞对话

2016 年 4 月 14 日
郑渊洁在大洋洲斐济共和国一所小学演讲

2015 年 9 月 20 日
郑渊洁应邀在非洲科特迪瓦共和国演讲

2018 年 10 月 11 日
郑渊洁应邀在上海人民检察院庭辩大赛演讲

2005 年 12 月 15 日
郑渊洁应邀在北京师范大学演讲

2015 年 6 月 8 日
郑渊洁应邀在北京银行演讲

2016 年 6 月 27 日
郑渊洁应邀在中国西藏米林县龙乡小学演讲

2007 年 6 月 28 日
郑渊洁应邀在万科企业股份有限公司演讲

2016 年 12 月 5 日
郑渊洁应邀在中央音乐学院演讲

2015 年 10 月 23 日
郑渊洁到湖北省恩施市土家族苗族自治州板桥镇大
木村小学为留守儿童演讲

2014 年 10 月 4 日
郑渊洁应邀在香港哈罗国际学校演讲

2018 年 10 月 20 日
郑渊洁在"庆祝郑渊洁童话创作 40 周年纪念会"上演讲

我走我的独木桥

作者 _ 郑渊洁

产品经理 _ 来佳音　　装帧设计 _ 廖淑芳　　技术编辑 _ 丁占旭

责任印制 _ 杨景依　　出品人 _ 曹俊然

果麦

www.guomai.cn

以　微　小　的　力　量　推　动　文　明

图书在版编目（CIP）数据

我走我的独木桥 / 郑渊洁著. -- 西安：太白文艺
出版社，2024.3
　ISBN 978-7-5513-2587-5

　Ⅰ. ①我… Ⅱ. ①郑… Ⅲ. ①郑渊洁－演讲－文集
Ⅳ. ①I-53

中国国家版本馆CIP数据核字(2024)第053055号

我走我的独木桥
WO ZOU WODE DUMUQIAO

作　者	郑渊洁
责任编辑	张　鑫
装帧设计	廖淑芳
出版发行	太白文艺出版社
经　销	新华书店
印　刷	北京世纪恒宇印刷有限公司
开　本	710mm×960mm　1/16
字　数	253 千字
印　张	22.5
版　次	2024 年 3 月第 1 版
印　次	2024 年 3 月第 1 次印刷
印　数	1–12,000
书　号	ISBN 978-7-5513-2587-5
定　价	78.00 元

如有印装质量问题，可寄出版社印制部调换
联系电话：029-81206800
出版社地址：西安市曲江新区登高路1388号（邮编：710061）
营销中心电话：029-87277748 029-87217872